Wilma Ellersiek

Handgestenspiele für die Krippe

Wilma Ellersiek

Handgestenspiele für die Krippe

Herausgegeben von Ingrid Weidenfeld

Mit einer Einführung von Birgit Krohmer

Verlag Freies Geistesleben

ISBN 978-3-7725-2929-0

MIX
Papier aus verantwortungsvollen Quellen
FSC® C043106
FSC
www.fsc.org

1. Auflage 2020

Verlag Freies Geistesleben
Landhausstraße 82, 70190 Stuttgart
www.geistesleben.com

Einband- und Innenfotos: Charlotte Fischer
Zeichnungen: Friederike Lögters
Noten: Ingrid Weidenfeld
Satz: Katja Schüch, Kirchheim unter Teck
Druck: GCC Grafisches Centrum Cuno, Calbe
Printed in Germany

Inhalt

Vorwort

Als Wilma Ellersiek in ihrer intensivsten Schaffensphase war, konnte sie sich nicht vorstellen, dass es in Deutschland dazu kommen würde, dass nahezu jedes Kind vor dem Kindergartenalter schon in eine Gruppenbetreuung gebracht würde. Und nicht genug damit – unter «Kindergartenalter» waren Kinder ab vier gemeint. Alle Handgestenpiele, die Wilma Ellersiek entwickelt hat, sind also eigentlich Kindern ab vier Jahren gewidmet.

Glücklicherweise hat Wilma Ellersiek eine außergewöhnlich große Zahl an Spielen hinterlassen, unter anderem auch Spiele für die Fäuste und Silbenspiele, die zum Teil auch schon gut mit Kindern vor dem dritten Lebensjahr gespielt werden können.

Auch von den langen und teilweise sehr differenzierten Handgestenspielen können doch einige in der Krippe ihren Platz finden, wenn man sie nur entsprechend anpasst. Meistens ist mit einer Kürzung das Spiel bereits «krippentauglich».

In einer Krippengruppe sind normalerweise Kinder zwischen einem und drei Jahren. Innerhalb dieser Altersspanne liegen riesige Entwicklungsschritte. Wenn man sich vor Augen hält, dass ein Einjähriges noch nicht läuft, noch nicht spricht, noch nicht allein isst, so erscheint einem ein dreijähriges Kind daneben schon als ein ganz selbstständiges Menschlein.

Spielangebote – speziell wenn es um die Handgestenspiele geht – richten sich vordergründig an die älteren Krippenkinder. Es kann trotzdem sein, dass auch die Kleinsten mit Interesse ein solches Spiel verfolgen. Aber natürlich kann es auch vorkommen, dass sich die Kleinen noch abwenden und ihren eigenen Interessen nachgehen.

Welche Kriterien sollten bei der Auswahl der Handgestenspiele für die Krippe beachtet werden?

- Die Spiele dürfen nicht zu lang sein.
- Spiele, bei denen beide Hände jeweils die gleichen Gesten vollziehen, sind zu bevorzugen.
- Spiele, die vorwiegend nur mit einer Hand ausgeführt werden, sind ebenfalls möglich.
- Gesten für Sonne, Mond, Sterne, Regen, Schnee usw. sollten nicht über Kopfhöhe ausgeführt werden.
- Das Spieltempo – gleichermaßen das Sprechtempo – muss für die Krippenkinder gemäßigt sein.
- Die Sprachemelodie soll sehr gesanglich sein; die Kinder erleben das Sprachgeschehen dann als «Lied». Die Sprachdynamik muss für das junge Kind sanft ausgeführt werden, soll aber bitte nicht weggelassen werden.
- Auch die Jüngsten lieben Spannung; sie wird ausschließlich über Pausen erzeugt.
- «Einmal ist keinmal»: das gilt ganz besonders in der Krippe. Lieber lange Zeit ein oder zwei Spiele spielen als jeden Monat etwas Neues beginnen.

Bei den nun angeführten Spielen, die aus den verschiedenen Büchern von Wilma Ellersiek stammen und für Krippenkinder gut durchführbar sind, gibt es unterschiedliche Einsatzmöglichkeiten. So können manche Spiele den Kindern als kleines «Erzählchen», zum Beispiel am Tagesende, noch als «Geschenk» mitgegeben werden. «Erzählchen» heißt aber nicht, dass nur der Text gesprochen wird – das «Erzählchen wird erst mit den Handgesten vollständig und «vollwertig». Über die sinnvollen, dem Phänomen angepassten Bewegungen entstehen im Kind die Wahrbilder der Wesenheiten, um die es in der kleinen Geschichte geht, zum Beispiel um den Igel, den Fisch, die Sonne, die Blumen und um viele andere Wesenheiten mehr. Das Besondere an den Spielen ist, dass Wilma Ellersiek die Spielinhalte ganz aus dem natürlichen Umfeld nimmt, nicht verniedlicht, nicht verzerrt, sondern dass sie ganz «schlicht» die Natur auf ein künstlerisches Niveau anhebt durch Rhythmus, Dynamik und Reim.

Die älteren Kinder werden vielleicht auch bei den Erzählchen schon die eine oder andere Geste mitvollziehen, vielleicht schauen sie aber auch nur zu.

Andere Spiele sind dabei, die die Kinder gerne unmittelbar nachahmen; sie sind in ihrer Struktur etwas einfacher als die «Erzählchen».

Ganz wichtig: Egal, welches Spiel Sie sich auswählen, es muss sehr gründlich vorbereitet werden, damit die Kleinen ein stets gleiches Vorbild bekommen. Je jünger die Kinder sind, umso wichtiger ist die Orientierung am Vorbild. Wenn der Erwachsene aus Mangel an Vorbereitung ein Spiel immer wieder in abgewandelter Form an die Kinder heranträgt, entsteht im Kind Unsicherheit und Unlust, und der Erwachsene wirkt unglaubwürdig.

Ingrid Weidenfeld

Einführung

Sowohl für Emmi Pikler (1902 – 1984) wie für Wilma Ellersiek (1921 – 2007) war es die Grundlage ihrer Arbeit, im besten Goetheschen Sinne zu beobachten; so haben sie die Phänomene der jeweiligen Urbilder herausgearbeitet und einbezogen. In diesem qualitativ anspruchsvollen Prozess, sich selbst als sich entwickelnde Person in das pädagogische Tun hineinzustellen, liegt eine Gemeinsamkeit der beiden Pädagoginnen im Verständnis der eigenen Arbeit.

Kinder beheimaten sich über die Bewegungsentwicklung, zunächst tastend und sich selbst berührend, im eigenen Leib. Auge und Hand werden durch die Bewegungen koordiniert, und dann finden sich die beiden Händchen. Danach werden auch die Füßchen entdeckt und bespielt. Über das Räkeln und Sich-Strecken wachsen die Kinder über sich selbst hinaus. Durch das Interesse an Gegenständen in der Umgebung wird der Raum erobert. Ergreifen und loslassen, sich selbst und die Welt kennenlernen sind ein ineinander übergehender, zusammenhängender Entwicklungsprozess. Die Urbewegungen dabei sind Strecken, Runden und die Rotation.

Je jünger ein Baby ist, umso mehr ist es an seine Umgebung hingegeben. Je mehr es sich in seinen Leib inkarniert, umso besser kann es sich abgrenzen. Gerade in jenem Lebensabschnitt, in dem ein Kind noch nicht «ich» zu sich sagt, ist es noch ganz hingegeben an die Erwachsenen seiner Umgebung. Vor dem «Ich zu sich selbst» kann es kein Nein zum Du, kann es keine Entscheidung geben, die «frei-will-ich» gefällt wurde. Das macht die besondere Verantwortung in der Betreuung der jüngeren Kinder aus. Unsere Aufgabe ist es, die Bedürfnisse der Kinder lesen zu lernen und feinfühlig darauf zu reagieren.

Die ungarische Kinderärztin Dr. Emmi Pikler hat

die kindliche Bewegungsentwicklung gründlich erforscht und daraus eine am Kind abgelesene Pflegedidaktik entwickelt. Hier finden wir Begriffe für die Bewegungsbeobachtung der Kinder und Anregungen für eine physiologische Körpersprache mit dem kleinen Kind. Als Beispiel sei die «bittende Hand» genannt, die intuitiv von den Kindern erkannt wird. Wenn das gegenseitige Sich-Kennenlernen in diesem Sinne erfolgt, ist eine gute Grundlage für die gesunde Entwicklung der Krippenkinder gelegt.

Der Tagesablauf in der Krippe richtet sich nach den Bedürfnissen der Kinder. Nur wenn die Grundbedürfnisse befriedigt sind, können sie gut arbeiten und sich gut entwickeln. Eine Prämisse ist es daher, den Tagesablauf an den Kindern auszurichten und nicht diese dem geplanten Alltag anzupassen. Dennoch wächst mit der Zeit jedes Kind in den Gruppenrhythmus hinein, und es entsteht keine dauerhafte Einzelbetreuung im Tagesablauf.

Damit die Krippe nicht ein «Minikindergarten» mit «Programmpunkten light» wie im Kindergarten wird, gilt es, sich an den Grundbedürfnissen der Kinder im Krippenalter auszurichten. Später dann, wenn sie drei geworden sind und beispielsweise einen Waldorfkindergarten besuchen, können sie immer noch alle Schätze der Waldorfpädagogik für dieses Lebensalter genießen, können die Schätze zunächst kennenlernen, dann wiedererkennen und mitgestalten. Das «Für-sich-Sein» und das «Zusammensein» zu ermöglichen und zu gestalten – dem Kind die ungeteilte Aufmerksamkeit bei der Pflege zukommen zu lassen und ein das jeweilige Kind ansprechendes Angebot in der vorbereiteten Umgebung zu machen – das sind die Hauptaufgaben der pädagogischen Fachkräfte in der Krippe. Wenn Sitzen, Abbeißen, Kauen, Schlucken und der Gebrauch des Löffels harte Arbeit ist, dann ist die Mahlzeit noch keine Erholung, sondern eine anstrengende Leistung – und für das Kind ebenso wie für die Betreuenden eine Herausforderung. Und wenn das Notwendige mit Respekt vor der Würde des Kindes und unter Einbezug seiner Eigenaktivität gestaltet wird, damit der Alltag für das Kind sinnvoll und stimmig ist, dann kann es vielleicht punktuell auch noch etwas ganz Besonderes geben: ein Liebkoschen, ein Hand- oder Fußspiel, ein Silben- oder Faustspiel oder sogar ein Erzählchen und Trösterchen, wenn das Kind dessen bedarf.

Mit den Spielen von Wilma Ellersiek werden die Urgebärden der kindlichen Bewegungsentwicklung aufgegriffen und rhythmisch-musikalisch in künstlerischer Ausgestaltung mit Klängen untermalt. Ob Sie ein Liebkoschen, ein Berührungs- oder ein Silbenspiel wählen: es kann für die Kinder immer pure Freude sein, wenn es für Sie als Betreuende eine Freude ist. Häufig haben die Kinder aber zunächst einmal schnell genug. So kann es sein, dass ein Kind die erste Zeile liebt und sie sich «noch mal … und noch mal … und noch mal …» wünscht – und dann ist es für sie auch schon ausreichend. Hier gilt es, keinen Ehrgeiz zu entwickeln und – allein durch den eigenen Anspruch an sich selbst – unbewusst eine Konditionierung des Kindes vorzunehmen. Das Kind muss weder durchhalten lernen noch dankbar sein …

Sehr unterschiedlich kann auch die Zeitspanne sein, bis ein kleines Kind Bewegung und Sprache wahrgenommen hat; häufig sind wir viel zu schnell. Gleichzeitig ist der Puls-Atem-Rhythmus rascher, und die Aufmerksamkeitsspanne ist kürzer als beim älteren Kind oder beim Erwachsenen. Frisch und klar sollen daher die Worte und Melodien sein, die Bilder urbildhaft rein; und die Wege dazwischen brauchen kleine Pausen.

Bei den sogenannten Tierspielen ist es wichtig, dass die Kinder das Tier in seinem Lebensumfeld bereits kennengelernt haben und dann die Schnecke, den Regenwurm, das Vöglein oder Hund und Katze wiedererkennen. Die Spiele von Wilma Ellersiek sind keine gestengestützte Vokabelarbeit! Ein Schneemann, wenn man noch keinen Schnee erlebt hat, ist sowohl im Handgestenspiel als auch im Bilderbuch oder auf dem Jahreszeitentisch eine Abstraktion und eine Vorwegnahme des realen sinnlichen Erlebnisses vom Schneeflöckchen, das vom Himmel zur Erde wirbelt – als Sternlein, zu dem auf der Erde liegenden Schnee, zum Schneball … Wann immer es möglich ist, steht das ungestörte Eintauchen in die reine Sinneswahrnehmung als erstes Erlebnis in unserem Fokus. Nach dem sinnlichen Erleben hören die Kinder die Namen der Dinge, und es entstehen kleine Dialoge mit den Erwachsenen, die sich auskennen in der Welt. Und dann erst kann das wirklichkeits- oder erfahrungsgesättigte Objekt in künstlerischer Gestaltung durch die Hand der sprechenden und singenden pädagogischen Fachkraft wieder lebendig werden.

Es kann sehr verschiedene Anlässe für Ellersiek-Spiele in der Krippe geben: Ein Kind ist beispielsweise morgens schon lange allein da und braucht nach einer Zeit des freien Spiels Zuwendung, um wieder in das freie Spielen eintauchen zu können. Da kann eine kleine «Zwischenmahlzeit» aus der pädagogischen Schatzkiste angebracht sein, da es weder Zeit zum Essen noch zum Wickeln ist. Wenn dann ein anderes Kind auch noch «drankommen» möchte und die Zeit das möglich sein lässt – warum nicht? Und wenn es genug ist, auch für den Erwachsenen, muss es ja kein «Nein» geben, sondern vielleicht ein «Morgen wieder …» oder «am Montag».

Ein kleines Spiel zum Trost kann jede pädagogische Fachkraft individuell in ihrem Fundus haben. Es muss auch nicht bei allen Fachkräften dasselbe Spiel sein, da es keinen rituellen Platz im Tagesablauf hat. Auch bei einem Erzählchen zum Abschluss für die Großen, die bereits mit Fantasie zu spielen begonnen haben, liegt die Betonung auf *einem* Erzählchen. Jedes Spiel von Wilma Ellersiek ist in sich eine vollständige Komposition, so kurz diese Spiele zum Teil auch sind!

Birgit Krohmer

Zu den Silbenspielen

Die Silbenspiele von Wilma Ellersiek sind Kompositionen, deren Texte keinen Wortsinn ergeben. Die Sprache ist hier «nur» eine rein klanglich-rhythmische Begleitung zu den Bewegungen. Von den Kindern werden die Silbenspiele sehr geliebt, die Sprache erscheint gewissermaßen in einer «Vorform», das heißt, es erklingt lautlich ein als Wort erkennbares Gebilde, jedoch ohne sinntragende Bedeutung. Hier ist die Sprache noch im «Bausteinestadium», man kann die Silben zu beliebigen Gebilden formen – eine Lust für jedes Kind!

Im Alter zwischen drei und vier Jahren ist es unter Kindern eine lustige und beliebte Beschäftigung, zu einem sinntragenden Wort klanglich ähnliche Worte zu finden, also Reime in «Wortketten». Was zunächst noch mit «Sinn» angefüllt ist, wird, je länger das Spiel währt, umso sinnfreier bis gänzlich «unsinnig» – im Vordergrund stehen für die Kinder hierbei Klang und Rhythmus.

Genau das hat Wilma Ellersiek aufgegriffen, strukturiert, mit sinnvollen Bewegungsabläufen kombiniert und somit einen Schatz an lustigen Spielen geschaffen. Je sicherer die anleitende Person ein solches Spiel beherrscht, umso freier kann sie bezüglich Tempo, Lautstärke und Tonhöhe damit umgehen. So entstehen immer neue Variationen desselben Themas – die Spiele bleiben immer frisch! Sie sind jahreszeitlich und thematisch unabhängig und deshalb immer und jederzeit passend: in öffentlichen Verkehrsmitteln, im Wartezimmer, bei sonstigen Wartesituationen, wenn das Kind ausruft: «Mir ist langweilig», und bei vielen anderen Gelegenheiten. Ein «Muss» für jede Pädagogin und jeden Pädagogen!

Im Krippenzusammenhang kann in der Durchführung eines Silbenspiels durchaus auch variiert werden, jedoch maßvoll; zu schnelle Bewegungen irritieren die Kleinen, zu viel Lautstärke erschrickt sie. Da die Silbenspiele kurz sind, können sie eventuell ein- bis maximal zweimal wiederholt werden.

Die folgenden vier Spiele (Molle – Mulle, Watsche – watsch!, Widel – wudel und Das Tampe-tempe) gehören in diese Kategorie der Silbenspiele.

Molle – Mulle

Klangsilbenspiel für die Fäuste

Molle – mulle – molle – mulle,
Molle – mulle – molle – mulle:
  Pum – pum – pah! –
  Pum – pum – pah! –
Molle – mulle – molle – mulle,
Molle – mulle – molle – mulle:
  Hoppala! – Hoppala! –
Molle – mulle – molle – mulle,
Molle – mulle – molle – mulle:
  Pom – pom – peck! –
  Pom – pom – peck! –
Molle – mulle – molle – mulle,
Molle – mulle – molle – mulle:
  Wup! Und weg!
   Ganz weg!

Spielanleitung

Text

1 Molle – mulle – molle – mulle,
r l r l
Molle – mulle – molle – mulle:
r l r l

Bewegungen

1 Die Erzieherin macht beide Hände zu lockeren Fäusten, die Daumen liegen oben auf den Zeigefingern. Sie hält die Hände etwa auf Magenhöhe vor sich hin, und zwar so, dass die Handrücken zum Betrachter zeigen und die rechte Faust über der Linken ist. Nun werden die beiden Fäuste umeinandergedreht: für das «Molle» die Rechte nach vorn zum Betrachter um die Linke, für das «Mulle» die Linke wiederum nach vorn zum Betrachter um die Rechte und so fort. Die Bewegung ist fließend, der Sprachrhythmus und der Bewegungsablauf müssen aufeinander abgestimmt werden. Die Kinder werden zunächst in einem freien Rhythmus ihre Bewegungen ausführen, das ist richtig so und darf nicht korrigiert werden.

2 Pum – pum – pah! –
Pum – pum – pah! –

2 Die Fäuste etwa auf Brusthöhe nebeneinanderhalten. Der Kleinfingerrand zeigt zum Betrachter. Jeweils bei «pum» die Fäuste leicht federnd gegeneinanderschlagen, bei «pah» noch einmal gegeneinanderschlagen und danach die Fäuste seitlich etwas auseinanderführen und bis auf Schulterhöhe herauf schwingen. Das «pah!» rufend und gedehnt sprechen. Man nimmt sich viel Zeit dafür. Das Ganze zweimal ausführen.

3 Molle – mulle – molle – mulle,
r l r l
Molle – mulle – molle – mulle:
r l r l

3 Bewegungsanleitung siehe oben bei 1.

4 Hoppa-la! – Hoppa-la! –
↓ ↑↓ ↑ ↓ ↑ ↓ ↑

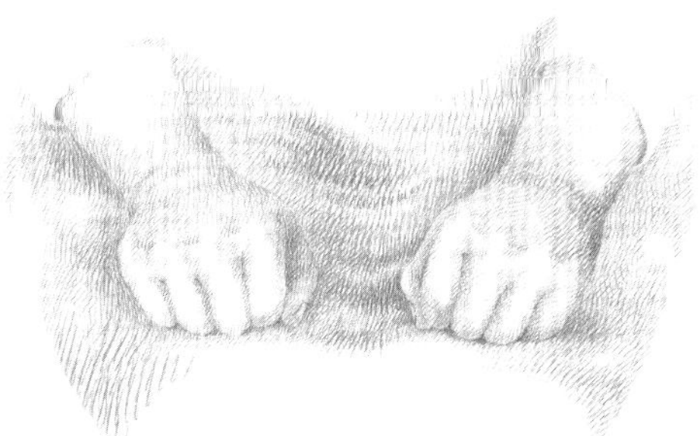

4 Die Fäuste mit den Fingern bei der Silbe «Hop» luftig nach unten auf die Oberschenkel aufschlagen. Dann federn die Fäuste bei der Silbe «pa» etwa bis auf Brusthöhe herauf, schlagen bei der Silbe «la» erneut auf die Schenkel auf und federn nur noch gering nach. Die Silbe «pa» ist durch die Bewegung betont und soll auch sprachlich durch einen hellen Stimmklang hervorgehoben werden.

5 Molle – mulle – molle – mulle, r l r l Molle – mulle – molle – mulle: r l r l	5 Siehe oben bei 1.
6 Pom – pom – peck! – Pom – pom – peck! –	6 Die Fäuste mit den eingerollten Fingern jeweils bei «pom» auf die Brust aufschlagen und bei «peck!» die linke Faust mit der Daumenseite nach oben etwa auf Magenhöhe vor sich halten. Gleichzeitig die rechte Faust mit den eingerollten Fingern flach auf die linke Faust auflegen.
7 Molle – mulle – molle – mulle, r l r l Molle – mulle – molle – mulle: r l r l	7 Siehe oben bei 1.
8 Wup! Und weg!) \ ↑	8 Bei «Wup!» beide Fäuste schwungvoll bis auf Schulterhöhe führen, in der Bewegung nicht innehalten, sondern die Fäuste im großen Bogen hinter den Rücken und bei «weg!» aus dem Blickfeld des Betrachters verschwinden lassen.
9 Ganz weg!	9 Das Spiel kann ein- bis zweimal wiederholt werden. Beim endgültigen Abschluss werden beide geöffneten Hände mit den Handinnenflächen nach vorne zum Betrachter ausgebreitet, so wie: Seht! Molle und Mulle sind nicht mehr da!

Hinweis:
Dieses Spiel ist so komponiert, dass es befreiend und ordnend, beruhigend und weckend zugleich wirkt. Bewegungsfreude: Molle – mulle, Bewegungskontrolle: Zwischenteile, Eigenberührung: Beruhigung (bei sich sein), weckend (zu sich kommen).

Watsche – watsch!

Rhythmisch-musikalisches Handspiel

Watsch-watsch gehört auch zu den Silbenspielen, und ist von Wilma Ellersiek so gedacht, dass der Gesamtablauf mehrfach wiederholt wird, jeweils auf einem anderen Vokal: Watsche-watsch ... wetsche-wetsch ... witsche-witsch ... usw. Für das Krippenkind genügt zunächst pro Tag *ein Durchgang* auf *einem* Vokal. Mit der Zeit, wenn das Spiel schon gut in der Gruppe lebt, kann ein zweiter und dann ein dritter Durchgang mit einem anderen Vokal angeschlossen werden.

Watsch – watsch – watsch – watsch – watsche – watsch!
Tatsch – tatsch – tatsch – tatsch – tatsche – tatsch!
Ratsch – ratsch – ratsch – ratsch – ratsche – ratsch!
Batsch – batsch – batsch – batsch – batsche – batsch!
Fatsch – fatsch – fatsch – fatsch – fatsche – fatschschsch – –
Sch – sch – sch – sch – sch – sch – –

Text

1 Watsch – watsch – watsch – watsch –
r l r l
watsche – watsch!
r l

Bewegungen

1 Mit den flachen Händen abwechselnd leicht auf die Oberschenkel «patschen», jeweils zeitgleich mit dem Vokal «a». Nach dem Berühren jeweils die Hände luftig wieder heben.

2 Tatsch – tatsch – tatsch – tatsch –
r l r l
tatsche – tatsch!
r l

2 Die Hände zu lockeren Fäusten mit herausgestreckten Zeigefingern bilden. Mit den Zeigefingerspitzen rechts und links abwechselnd in großen Schritten von den Oberschenkeln bis etwa zum Schlüsselbein tupfen. Rechts beginnen.

3 Ratsch – ratsch – ratsch – ratsch –
↓↑ ↑↓ ↓↑ ↑↓
ratsche – ratsch!
↓↑ ↑↓

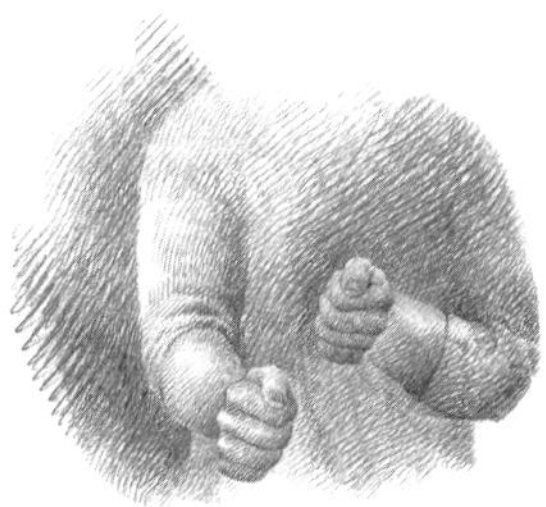

3 Mit beiden Händen Fäuste bilden. Der Daumen liegt auf den gebogenen Zeigefingern. Der Kleinfingerrand zeigt zum Betrachter. Die Fäuste abwechselnd etwa auf Brusthöhe in Gegenrichtung vor- und zurückbewegen. Die Bewegungen sind leicht und locker. Mit der rechten Hand nach vorne und der linken nach hinten beginnen.

4 Batsch – batsch – batsch – batsch –
X X X X
batsche – batsch!
X X

4 Leicht und luftig mit kleinen Bögen über oben im Sprachrhythmus sechsmal in die Hände klatschen.

5 Fatsch – fatsch – fatsch – fatsch – fatsche –
O O O O O
ein aus ein aus ein

5 Beide Unterarme und Hände gleichzeitig senkrecht nach oben auf Kopfhöhe heben. Die Hände locker im Handgelenk ein- und ausdrehen. Mit Eindrehen beginnen, damit die Bewegung nahtlos in die nächste übergehen kann.

6 fatschschsch – –
O

7 Schschschschschschschschschsch

6 Mit der letzten Drehung die Hände mit einem Schwung nach oben strecken. Die Handinnenflächen mit leicht gespreizten Fingern nach außen wenden. Eine Weile so stillhalten und dabei das «sch» weiterklingen lassen.

7 Beide Hände gleichzeitig langsam und behutsam zum Mund hin bewegen. Dabei wird das die ganze Zeit klingende «sch» immer leiser. Wenn die Hände den Mund leicht bedecken, wird das «sch» unhörbar.

Widel – wudel

Rhythmisch-musikalisches Handspiel

Ein Vorschlag von Wilma Ellersiek: Für das kleine Kind (ca. 18 – 30 Monate alt) schließt man das Spiel bereits nach der vierten Zeile ab. Siehe hierzu den Hinweis bei Punkt 2.

Widel – wudel – widel – wudel.
Didel – dudel – didel – dudel.

Winke – winke – winke – winke.
Kinka – linke – kinka – linke.

Onke – onke – ponke – ponke.
Onke – onke: paaaaa!

Widel – wudel – widel – wudel.
Didel – dudel – didel – dudel.
Widel – wudel – waus – – und aus!

Und aus. – – –

Text

1 Widel – wudel – widel – wudel.
O O O O
Didel – dudel – didel – dudel.
O O O O

Bewegungen

1 Beide Hände mit gestreckten Fingern gleichzeitig etwa auf Kopfhöhe hochheben und in der Sprachpulsation locker im Handgelenk aus- und eindrehen. Bei den eingedrehten Händen zeigen die kleinen Finger zueinander, beim Ausdrehen zeigen die Daumen zueinander. Es beginnt mit dem Ausdrehen.

2 Winke – winke – winke – winke.
x x x x
Kinka – linke – kinka – linke.
x x x x

2 Mit offenen Händen im Sprachrhythmus bei x den Kindern freundlich zuwinken.

Hinweis:
Bei kleinen Kindern wird hier das Spiel abgeschlossen, indem man die Hände herunternimmt, auf die Oberschenkel legt, dann sich lächelnd zum Kind vorbeugt und gedehnt, fast singend spricht: «Aaaah!» oder «Eeii!»

3 Onke – onke – ponke – ponke.
• • • •
Onke – onke:
• •

3 Die Hände zu lockeren Fäusten machen, die eingerollten Finger sind nach unten gerichtet, die Daumen liegen auf den Zeigefingern. Die Fäuste gleichzeitig in der links angegebenen Sprachpulsation leicht und luftig auf die Oberschenkel aufpatschen und gleich zurückfedern.

4 paaaaa!
• ↑↑

4 Die Fäuste noch einmal auffedern und dann bis etwa zur Kopfhöhe hochführen. Das «paaaaa» gedehnt rufen und dabei die Fäuste öffnen, die Finger spreizen die Handinnenflächen zeigen nach vorn.

5 Widel – wudel – widel – wudel.
O O O O
Didel – dudel – didel – dudel.
O O O O

5 Siehe oben bei 1, jedoch beginnt die Drehbewegung jetzt mit dem Eindrehen.

6 Widel – wudel – waus –
O O →••←

6 Noch einmal ein- und ausdrehen, dann bei «waus» noch auf Kopfhöhe mit beiden Händen Fäuste bilden. Die Daumen liegen locker auf den eingerollten Fingern. Die Fäuste mit Schwung bis etwa auf Magenhöhe herunterführen und dort in kleinem Abstand nebeneinanderhalten. Ein Weilchen so stillhalten.

7 und aus! –

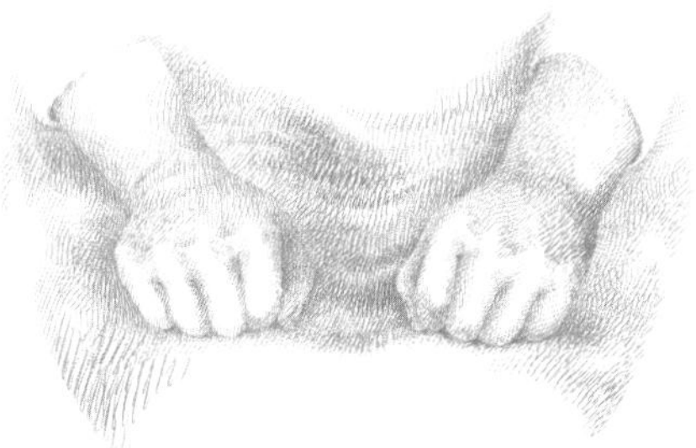

7 Bei «und» die Fäuste mit den eingerollten Fingern nach unten drehen. Dann schnell die Fäuste bei «aus» auf die Oberschenkel legen.

Hinweis:
Soll das Spiel wiederholt werden, dann wird nach 7 neu angefangen. Bei endgültigem Abschluss noch 8 anhängen.

8 (Abschluss): Und aus. – – –

8 Beide Fäuste langsam und ruhig über außen zum Rücken führen. Dabei fast singend sprechen: «uuund». Bei «aus» verschwinden die Fäuste hinter dem Rücken, und zwar langsam, weil das zur Ruhe führt. Den Kindern nickend zulächeln.

Weitere Bemerkungen:
In diesem Spiel werden die Urgebärden des kleinen Kindes aufgegriffen, die es schon in der Wiege vollzieht.

Da ist zuerst das Drehen der erhobenen Hände bei «widel – wudel …». Das ist beim Kleinkind die Äußerung von Freude und tanzender Bewegung, solange es noch nicht mit den Füßen tanzen kann. Das *Winken:* «winke – winke – kinka – linke» ist für das kleine Kind die Kontaktaufnahme zu einer anderen Person. Äußerungen von intensivem Engagement vollzieht das Kind mit *Auf- und Abschlagen der Fäuste,* hier in diesem Spiel bei «onke – onke – ponke – ponke». Das *Erheben der Arme* und gleichzeitige *Öffnen der Hände* wie bei «paaaa» bringt freudiges Selbstgefühl zum Ausdruck.

Das Tampe-tempe

Quintruf mit Handgesten
Besonders geeignet für Kinder um das dritte Jahr

Tampe – tempe! Tampe – tempe!
Tam – pa – tuuuu!
Tampe – tempe! Tampe – tempe!
Tam – pa – tuuuu!
Hee-hee-heeeh! He-le-le-le-leeeh!
Om-ba-om-ba! Om-ba-lom-ba!
Om-ba-lom-ba- loooo!

Omba-omba! Omba-lomba!
Hol-la-hooo! Hol-la-hoooo!
Omba-lomba-loooo!
Hol-la-hooo! Hol-la-hoooo!
(stumm)

Das Tampe-tempe

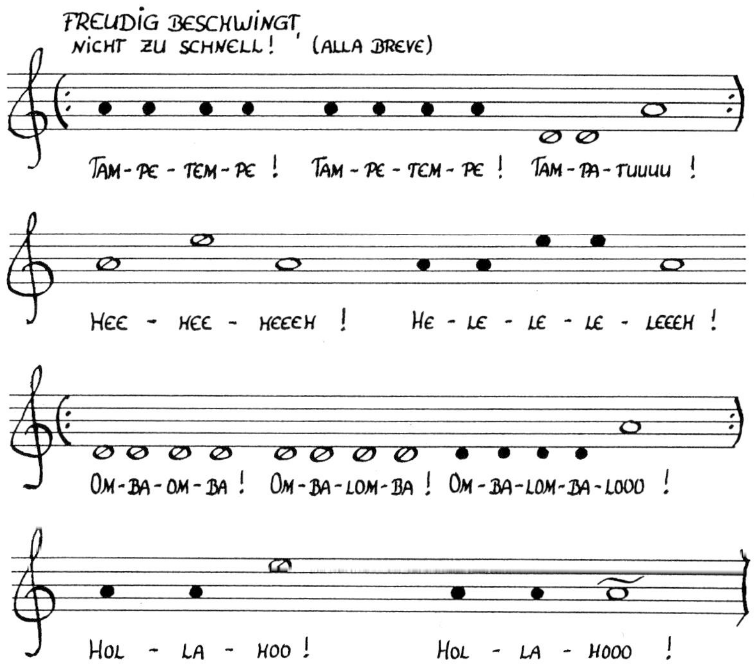

NOTATION: ∅ ≈ EINE PULSATION IN MITTLEREM TEMPO / •• ≈ ∅ AUF EINE PULSATION ZWEI NOTEN / ○ ≈ ∅∅ / (: :) ≈ WIEDERHOLEN / ~ ≈ LÄNGER KLINGEN LASSEN

Liedtext

1 Tampe – tempe! Tampe – tempe!
\/\ \/\ \/\ \/\

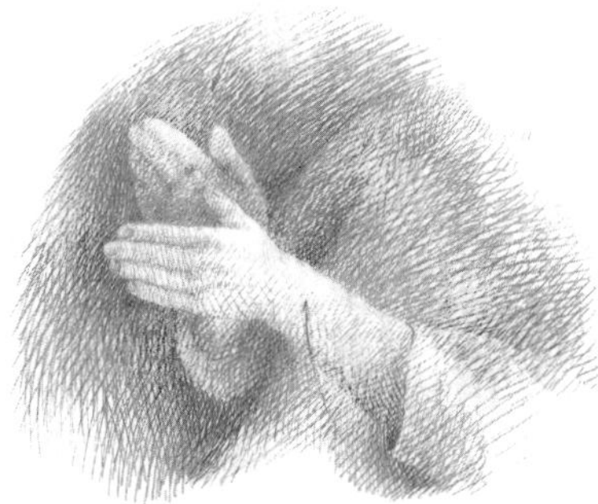

2 Tam – pa – tuuuu!

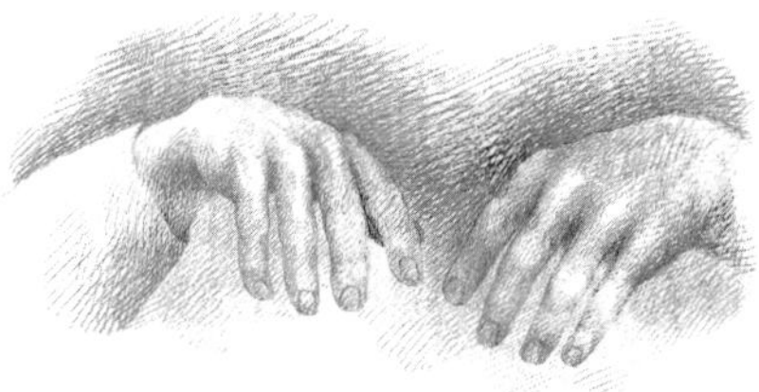

3 Tampe – tempe! Tampe – tempe!

4 Tam – pa – tuuuu!

5 Hee-hee-heeeh! He-le-le-le-leeeh!
O O O O O O O O

Bewegungen

1 Die Hände im Sprachrhythmus in Gegenrichtung von oben nach unten und von unten nach oben führen und beim Treffpunkt in der Mitte aneinander vorbeistreifen, sodass es einen leichten Klatscher gibt.

2 Mit beiden Handflächen gleichzeitig dreimal auf die Oberschenkel patschen.
Anschließend an den dritten Patscher bei «tuuuu» die locker herabhängenden Hände, dem gedehnten «uuuu» entsprechend, langsam nach oben führen, als würde man sie aus zähem Teig ziehen.

3 Siehe oben bei 1.

4 Siehe oben bei 2.

5 Die Hände nach oben strecken und im Sprachrhythmus im Handgelenk lebhaft aus- und eindrehen. Für die Umstellung auf die nächste Geste sich Zeit lassen.

6 Om-ba-om-ba! Om-ba-lom-ba!
• • • •

6 Mit beiden Händen Fäuste bilden. Die Daumen sind außen. Mit der rechten Faust, dem Sprachrhythmus entsprechend, jeweils bei «o» etwa auf Magenhöhe vor sich auf die linke Faust schlagen.

7 Om-ba-lom-ba- loooo!
• •

7 Noch zweimal mit der rechten Faust auf die Linke schlagen wie bei 6 und dann bei «oooo» beide Hände als Schalltrichter zum Mund nehmen und das «oooo» singen.

8 Omba-omba! Omba-lomba!
Omba-lomba-loooo!

8 Siehe oben bei 6 und 7.

9 Hol-la-hooo! Hol-la-hoooo!
O O OO O O OO

9 Beide Hände wie bei 5 auf Kopfhöhe etwas schräg nach vorne hochhalten und lebhaft im Handgelenk locker aus- und eindrehen.

10 (stumm)

10 Die Hände langsam von oben über außen nach unten führen und dabei stumm wie ein großes «O» in die Luft zeichnen. Unten angekommen, die Hände im Schoß zusammenlegen und in dieser Haltung eine Weile ruhig sitzen bleiben.

Pöm und Pam

Rhythmisches Erzählchen für die Fäuste

Dieses Spiel ist für das junge Kind gut geeignet: die Hände sind für die gesamte Dauer des Spiels zur lockeren Faust geschlossen. Die Bewegungen sind rechts und links immer die gleichen, jedoch zeitlich versetzt, ähnlich der Beinbewegung beim Gehen.

In voller Länge ist das Spiel für die Krippenkinder wegen des Konzentrationsbogens sehr anspruchsvoll. Glücklicherweise kann man aber nach den verschiedenen Aktionen, die Pöm und Pam ausführen, das Spiel beenden. Eine weitere Spielmöglichkeit: Man lässt den Mittelteil zunächst weg und ergänzt das Spiel zur vollen Länge erst dann, wenn die Kinder reifer geworden sind.

Im Spieltext sind die möglichen Schlüsse gekennzeichnet.

Pöm und Pam

Pöm und Pam, die beiden,
mögen sich gern leiden!
Pöm und Pam,
die wandern, wandern,
einer mit dem andern,
in die Welt hinaus.

Kehren um
und wandern, wandern,
einer mit dem andern,
zurück, zurück nach Haus
und ruh'n ein Weilchen aus.
(Hier kann das Spiel abgeschlossen werden.)

(Jetzt springen sie. Seht nur, wie:
Pöm über Pam, Pam über Pöm.
Pöm über Pam, Pam über Pöm.
Pöm – Pam – Pöm – Pam
und hopp und hopp und hopp und stopp!
Noch einmal hin und her,
Pöm und Pam springen nicht mehr!)
(Zweite Möglichkeit, das Spiel zu beenden.
Oder den in Klammer gesetzten Teil auslassen.)

Jetzt steigen sie. Seht nur, wie:
Pam auf Pöm und Pöm auf Pam.
Pam auf Pöm und Pöm auf Pam.
Pam – Pöm – Pam – Pöm
steigen, steigen
in – die – Höh'! O weh!
Sie werden schwindelig,
ganz fürchterlich.
Plumps!
Da liegen sie im Dreck. –
Pöm und Pam, die laufen weg, laufen weg!

Text	Bewegungen
1 Pöm und Pam, 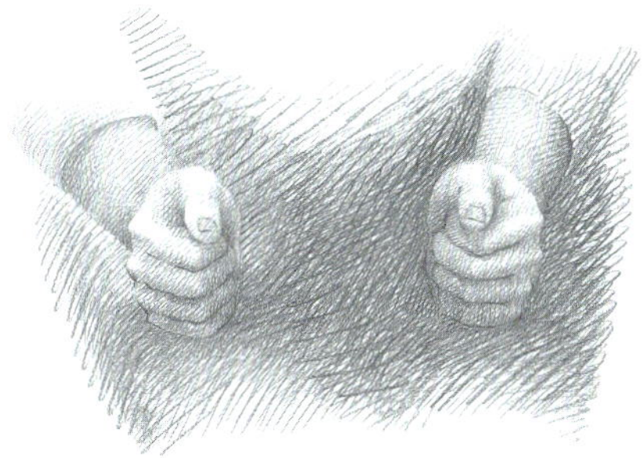	1 Lockere Fäuste bilden, der Daumen liegt auf den Fingern. Der Kleinfingerrand ist nach unten gerichtet. «Pöm» ist die rechte Faust, «Pam» ist die linke. Beim Nennen der Namen die jeweilige Faust auf den rechten beziehungsweise den linken Oberschenkel aufsetzen.
2 die beiden,	2 Beide Fäuste etwas anheben, «Pöm» und «Pam» werden vorgestellt.
3 mögen sich gern leiden!	3 Die beiden Fäuste dicht über den Oberschenkeln mit den eingerollten Fingern aufeinander zuführen und bei «leiden» sanft gegeneinanderdrücken.
4 Pöm und Pam, die wan-dern, wan-dern, r l r l r l einer mit dem andern, r l r l in die Welt hinaus. – r l r l	4 Mit beiden Fäusten rechts und links abwechselnd (wie links angegeben) auf den Oberschenkeln vom Körper in Richtung Knien wandern. Den Weg gut einteilen, damit man bei «hinaus» genau an den Knien ankommt. Die rechte Faust beginnt. Das rhythmische Sprechen und die leichte, federnde Bewegung gut aufeinander abstimmen. Der letzte Schritt wird stumm ausgeführt.
5 Kehren um und wan-dern, wan-dern, r l r l r l einer mit dem andern, r l r l zurück, zurück nach Haus – r l r l	5 Mit beiden Fäusten in derselben Haltung abwechselnd wieder zurück von den Knien bis zum Oberkörper auf den Oberschenkeln wandern. Den Rhythmus gut einhalten.

6 und ruh'n ein Weilchen aus.

6 Beide Fäuste umkippen und mit den eingerollten Fingern nach unten auf die Oberschenkel legen. Eine kleine Pause einhalten.

7 Jetzt springen sie. Seht nur, wie:

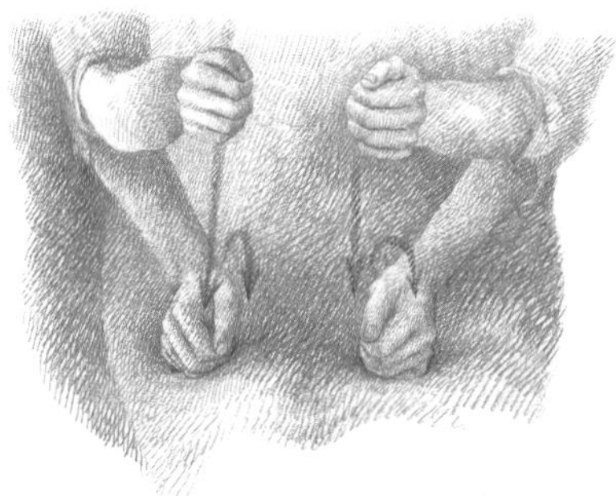

7 Bei «Jetzt» die Fäuste wieder auf dem Kleinfingerrand aufstellen. Bei «springen» und «seht» beide Fäuste gleichzeitig etwas hochschnellen lassen. Nach dem zweiten Mal die Fäuste hintereinander auf den Schenkeln aufkommen lassen. Die rechte Faust ist näher beim Körper, die linke näher beim Betrachter.

8 Pöm über Pam, Pam über Pöm.
Pöm über Pam, Pam über Pöm.

Pöm – Pam – Pöm – Pam

und hopp und hopp und hopp und stopp!

8 Die rechte Faust überspringt im Bogen die linke, dadurch ist jetzt die rechte Faust näher beim Betrachter. Während des Sprunges der rechten Faust wird die linke an den eben verlassenen Platz der rechten zurückgezogen. Dann springt die linke Faust über die rechte, jetzt wird die rechte zurückgezogen, sodass im weiteren Verlauf das Springen immer an der gleichen Stelle auf den Schenkeln stattfindet. Beim letzten «und» die linke Faust schwungvoll nach oben führen und das Bewegungstempo etwas verlangsamen. Dadurch kommt die Bewegung zum Stehen. Bei «stopp» beide Fäuste nebeneinander in den Schoß setzen und eine Weile still halten. Das «Springen» leicht und federnd gestalten. Das Tempo wird schneller, bleibt aber bis zum Schluss rhythmisch kontrolliert.

9 Noch einmal hin und her –
Pöm und Pam springen nicht mehr!

9 Bei «hin» mit beiden Fäusten gleichzeitig noch einen Sprung in Richtung zu den Knien machen und bei «her» wieder im Bogen zurück zum Ausgangspunkt springen.

Die beiden Fäuste ruhig halten und anschauen. Beim Nennen der Namen erst die rechte Faust (Pöm), dann die linke Faust (Pam) mit den eingerollten Fingern nach unten auf die Oberschenkel legen. Bei «nicht mehr» verneinend den Kopf schütteln.

10 Jetzt steigen sie. Seht nur, wie:
↑ ↑

10 Beide Fäuste wieder auf den Kleinfingerrand aufstellen und mit eingerollten Fingern, zueinander gewendet, gemeinsam senkrecht nach oben führen. Das Sprachtempo ist langsam, die Worte werden gedehnt gesprochen. Nach der Textzeile die Fäuste stumm langsam wieder herunternehmen.

11 Pam auf Pöm und Pöm auf Pam.
l o o
Pam auf Pöm und Pöm auf Pam.
o o
Pam – Pöm – Pam – Pöm
o o o o
stei – gen, stei – gen
o o o o
in – die – Höh'!
o o o

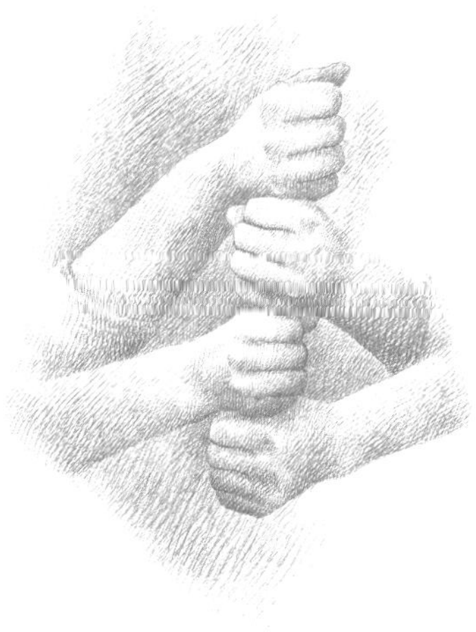

11 Die linke Faust wird bei «o» auf die auf dem Oberschenkel stehende Faust aufgesetzt. Danach die rechte Faust unter der linken hervorziehen, die linke aber in der Höhe unverändert lassen. Beim nächsten «o» die rechte Faust auf die linke aufsetzen, die linke unter der rechten hervorziehen, dieses Mal die Höhe der rechten Faust unverändert lassen, immer so weiter. Die Fäuste steigen also rhythmisch senkrecht nach oben, und je höher sie steigen, umso langsamer geht es voran. Man merkt die «Anstrengung». Auch die Stimme steigt in der Tonhöhe und nimmt etwas an Lautstärke zu. Die Arme jedoch nicht überstrecken!

12 O weh!	12 Die übereinanderliegenden Fäuste über dem Kopf bei «weh!» etwas nach hinten schwingen.
13 Sie werden schwindelig,	13 Bei «schwindelig» jetzt etwas stärker nach vorn zum Betrachter hin schwingen.
14 ganz fürchterlich.	14 Bei «fürchterlich» noch einmal nach hinten schwingen und stumm wieder nach vorn, dann ganz plötzlich:
15 Plumps! ↓ ↓ 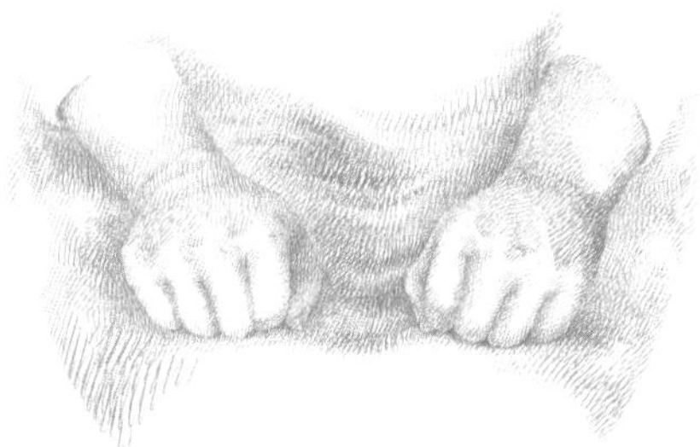	15 Beide Fäuste mit den nach unten gerichteten eingerollten Fingern plötzlich entspannt auf die Oberschenkel fallen lassen. Eine Weile in dieser Haltung verharren.
16 Da liegen sie im Dreck!	16 Die beiden Fäuste anschauen und bei den Worten «liegen» und «Dreck» mit dem Kopf nicken.
17 Pöm und Pam, r l	17 Beim Nennen der Namen die jeweilige Faust auf den Kleinfingerrand stellen.
18 die laufen weg, laufen weg!	18 Beide Fäuste laufen schnell hinter den Rücken. Die rechte Faust rechts herum, die linke links herum. Das letzte Stück laufen sie stumm.

Hinweis:
Das Überstrecken der Arme bewirkt, dass das Spielgeschehen aus dem Bereich des Handbewegungsspiels in den der Großbewegung (ganzer Körper) übergeht. Das bringt das Kind dazu, selbst auf Stühle oder Hocker zu steigen und wieder herunterzuspringen (sich fallen zu lassen).

Pitz und Potz

Rhythmisch-musikalisches Erzählchen für die Zeigefinger

Ich erzähle euch etwas:
Pitz und Potz, die machen Spaß!
Machen Spaß! Machen Spaß!
Sie bücken sich und drücken sich,
drücken sich.
Zieh'n sich hin und her – hin und her –
Oooooh! – Uuuuuh! –
Uff!

Es geht nicht mehr! Es geht nicht mehr!
Hu! – – Wwwops! – – – – –
Sie sitzen auf dem Pops! – – – – –
Haaa! – Duuuu – – – – –
dummer Tropf, dummer Tropf! – – – – –
Du dummer Tropf!
Sie bauen eine Brücke!
Und ich guck durch die Lücke!

Text	Bewegungen
1 Ich erzähle euch etwas:	1 Die Erzieherin wendet sich vergnügt den Kindern zu.
2 Pitz und Potz, 	2 Bei «Pitz» den rechten Zeigefinger hochheben (Pitz vorstellen) und bei «Potz» den linken Zeigefinger heben (Potz vorstellen). Der Daumen liegt locker auf den anderen leicht eingerollten Fingern. Ein Weilchen etwa auf Kinnhöhe hochhalten.
3 die machen Spaß! • • Machen Spaß! Machen Spaß! • • • •	3 Beide Zeigefinger, in gleicher Höhe gehalten, machen gleichzeitig zwei kleine «Verbeugungen» nach vorn, dann durch die Drehung des Oberkörpers zweimal nach links und zweimal nach rechts «verbeugen». Das Verbeugen ist jeweils bei • (Die Finger repräsentieren hier aufrecht stehende Kinder.)

4 Sie bücken sich

4 Die Zeigefinger zueinanderdrehen. Pitz und Potz stehen sich, einander betrachtend, gegenüber und sehen sich an. Die Zeigefinger langsam beugen und dabei gedehnt sprechen.

5 und drücken sich,
→← ←→
drücken sich.
→←←→

5 Die gebeugten Zeigefinger mit dem mittleren Glied bei «drücken» kräftig gegeneinanderdrücken und dabei gedehnt sprechen. Bei «sich» leicht auseinandergehen.

6 Zieh'n sich hin und her
→ ←
– hin und her –
→ ←

6 Die Zeigefinger ineinander verhakeln und so nach rechts (hin) und links (her) ziehen, wobei abwechselnd der rechte und dann der linke Zeigefinger zieht. Beim zweiten Mal gedehnt sprechen und bewegen.

7 Oooooh! – Uuuuuh! –
←→ ←→
Uff!
↔

7 Die ineinander verhakten Zeigefinger ziehen jeweils bei «Oooooh!» und «Uuuuuh!» gleichzeitig in die Gegenrichtung. Die beiden Ausrufe gedehnt klingend sprechen, begleitet vom vergeblichen Bemühen, den andern zu sich herüberzuziehen. Kein realistisches Stöhnen! Beim dritten Mal nur ein kurzer intensiver Gegenzug mit kurzem «Uff!»-Ruf.

8 Es geht nicht mehr!
↑ ↓
Es geht nicht mehr!
↑ ↓

8 Die Zeigefinger sind immer noch mit intensivem Gegenzug verhakt. Bei «Es geht nicht mehr» in Pfeilrichtung die Arme auf und ab bewegen. Beim zweiten Mal beginnt sich die Verhakung zu lösen.

9 Hu! – –	9 Mit dem Ruf «Hu!» lösen sich plötzlich die verhakten Finger. Die Hände fliegen mit den gestreckten Zeigefingern nach oben und fallen als Fäuste mit lautlich starkem «Www...» herab.

10 Wwwops! – – – –	10 Sie landen bei «ops!» locker auf den Oberschenkeln. Nicht zu hart aufschlagen, auch nicht zu nah beieinander. Pitz und Potz haben beim Loslassen das Gleichgewicht verloren und sind hingefallen. Die Erzieherin schaut zuerst die beiden stumm an und spricht dann:
stumm 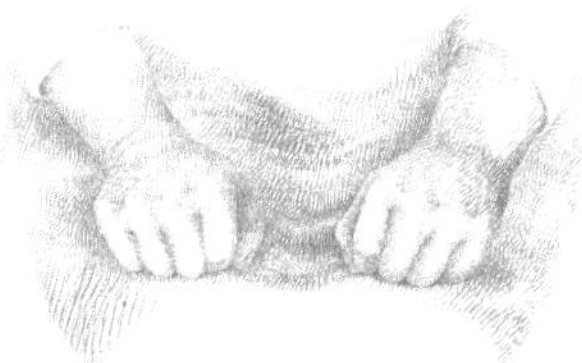	
11 Sie sitzen auf dem Pops! – – – –	11 Beim Sprechen zweimal bestätigend nicken. Sich den Kindern zuwenden und lachen. Den Kindern Gelegenheit zum Lachen geben, jedoch nicht zu lange.
12 Haaa! –	12 Beide Zeigefinger wieder aus den Fäusten herausstrecken. Pitz und Potz richten sich auf und wenden sich einander zu.
13 Duuu – – – – –	13 Die senkrechten Zeigefinger langsam nach oben in die alte Spielhöhe führen.
14 stumm	14 Pitz und Potz stehen sich ein Weilchen stumm gegenüber.
15 dummer Tropf, dummer Tropf!	15 Dann im links angegebenen Sprachrhythmus die Zeigefinger viermal kräftig nach unten schlagen. Sie kommen sich dabei immer näher, bis sie sich fast berühren.

16 stumm

16 Einen Augenblick stehen sich die beiden stumm ganz nah gegenüber, weichen ebenso stumm bis etwa zu den Schultern voreinander zurück, bleiben stehen und schauen sich aus der Entfernung still an. Die Bewegungen werden von der Erzieherin die ganze Zeit aufmerksam verfolgt.

17 Du dummer Tropf!

stumm

17 Die Zeigefinger noch zweimal betont, jedoch langsamer herunterschlagen. Zum Schluss die Zeigefinger stumm wieder senkrecht aufrichten.

18 Sie bauen eine Brücke!

18 Die Spitzen der Zeigefinger aufeinander zu bewegen und bei «Brücke» zu einem Bogen berühren.

19 Und ich guck durch die Lücke!

19 Auch die Daumenspitzen zusammenführen und mit dem rechten Auge durch das entstandene Guckloch die Kinder lächelnd ansehen.

Die Hände machen

Rhythmisch-musikalisches Handspiel

Ein ideales Spiel für die Krippe! Sind doch die Hände das erste «Spielzeug» eines jeden gesunden Kindes. Wilma Ellersiek hat dieses Spiel sehr fein gestaltet: Die Hände zeigen, was sie alles können – verbal begleitet mit vollständigen Sätzen. Die Bewegungen werden nach dem ersten Ablauf exakt wiederholt, die Sprache wird aber auf das Minimum reduziert. Ein dritter Durchgang (wieder die gleichen Bewegungen), wird stumm ausgeführt. Dieser «Dreischritt» – Bewegung jedes Mal gleich, die Sprache in Reduktion – ist das Ziel für das kindergartenreife Kind. Für jüngere Kinder sollte daher das Spiel erst nur mit Teil 1 mit Ergänzung des Schlusssatzes durchgeführt werden. Im Laufe des Jahres kann Teil 2 folgen, und erst gegen Ende des Jahres sollte das Spiel in voller Länge angeboten werden.

Teil 1

Die Hände machen:
Tap – tap – tap – tap – tap –
Die Hände machen:
Klap – klap – klap – klap – klap –
Sie drehen – drehen – drehen –
stehen.
Neigen sich – zeigen sich.
Neigen sich – zeigen sich.
Winken – winken – winken –
winken – winken – winken –
sinken – sinken sacht herab.

(Ruhen sich aus, die zwei.
Und das Spiel ist vorbei!)

Teil 2

Machen wieder:
Tap – tap – tap – tap – tap –
Klap – klap – klap – klap – klap –
Drehen – drehen – drehen –
stehen.
Neigen – zeigen.
Neigen – zeigen.
Winken – winken – winken –
winken – winken – winken –
sinken – sinken sacht herab.

(Ruhen sich aus, die zwei.
Und das Spiel ist vorbei!)

Teil 3

Alle Bewegungen noch einmal ausführen, aber ohne sprachliche Begleitung.
Zum Abschluss dann sprechen:
Ruhen sich aus, die zwei.
Und das Spiel ist vorbei!

Text	Bewegungen
1 Die Hände machen: 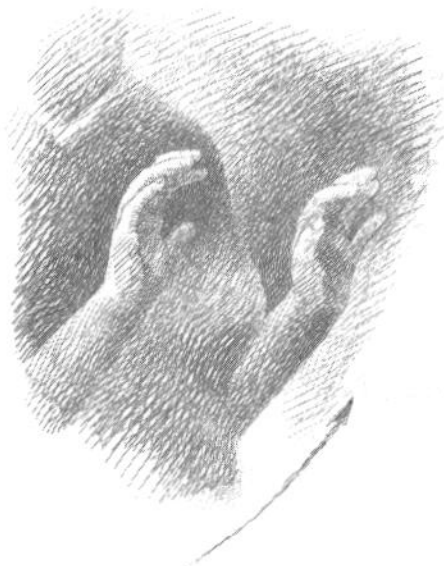	1 Beide Hände gleichzeitig mit geöffneten Fingern in einem kleinen Bogen über oben nach vorne führen. Die offenen Hände, etwa auf Brusthöhe, dem Betrachter zeigen.
2 Tap – tap – tap – tap – tap – r l r l r	2 Beide Hände wieder im kleinen Bogen zurückführen und mit den flachen Händen im Sprachrhythmus rechts und links abwechselnd auf die Oberschenkel patschen.
3 Die Hände machen:	3 Siehe oben bei 1.
4 Klap – klap – klap – klap – klap – • • • • •	4 Auf Brusthöhe leicht mit den Handinnenflächen im Sprachrhythmus gegeneinander klappen.
5 Sie dre – hen – dre – hen – dre – hen O O O O O O ein aus ein aus ein aus 	5 Die auf Kopfhöhe erhobenen Arme mit den offenen Händen im Sprachrhythmus bei «O» leicht ein- und ausdrehen.
6 stehen.	6 Die Hände herunter- und zusammenführen, sodass sie sich mit den Handinnenflächen auf Brusthöhe gegenüberstehen. Die Finger sind locker nach oben gerichtet. Langsam und gedehnt sprechen. Eine Weile so halten.

7 Neigen sich – zeigen sich.
Neigen sich – zeigen sich.

7 Aus der Handstellung von 6 bei «Neigen»: Die Hände im Handgelenk locker zueinander nach unten biegen. Zeigen: Die Hände wieder aufrichten und mit gespreizten Fingern nach vorne zum Betrachter wenden und zeigen. Den ganzen Vorgang wiederholen.

8 Winken – winken – winken – – – –
↓↑ ↓↑ ↓↑
winken – winken – winken – – – –
↓↑ ↓↑ ↓↑

8 Die offenen Hände gleichzeitig nach vorne im Sprachrhythmus bei «↓↑» im Handgelenk locker ab und auf bewegen. Nach dem dritten Winken kurz innehalten und dann noch dreimal das Winken wiederholen. Während des Winkens kann sich die Erzieherin leicht nach rechts und links drehen.

9 sinken – sinken sacht herab.

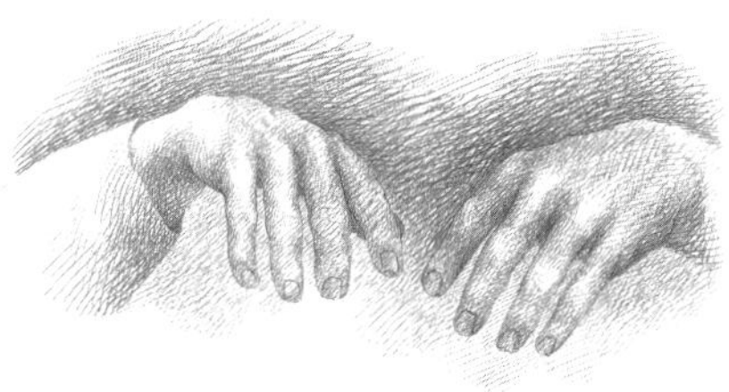

9 Beide Hände gleichzeitig mit den Innenflächen nach unten und lockeren Fingern wie zwei kleine Fallschirme im Zeitlupentempo herabsinken lassen. Bei «herab» die Hände auf die Oberschenkel auflegen. Ein Weilchen so bleiben.

10 Machen wieder:
Tap – tap – tap – tap – tap –
Klap – klap – klap – klap – klap –
Dre - hen – dre - hen – dre - hen –
stehen.
Neigen – zeigen.
Neigen zeigen.
Winken – winken – winken –
winken – winken – winken –
Sinken – sinken sacht herab.
----

10 Beide Hände leicht anheben, dann der Reihe nach, ohne Zwischentexte, alle Bewegungen von 2 bis 9 wiederholen. Ausklingen lassen.

11 Machen wieder:
(stumm)

11 Beide Hände leicht anheben und dann wie oben von 2 bis 9 ein drittes Mal, jetzt aber stumm, alle Bewegungen exakt im Rhythmus wiederholen. Kleine Pause.

Abschluss:

12 Ruhen sich aus, die zwei.

12 Nachdem die Hände bei «herab» aufgelegt worden sind, bei «aus» beide Hände im Schoß übereinanderlegen und in dieser Haltung ein Weilchen ruhig sitzen.

13 Und das Spiel ist vorbei!
∨ ∨

13 Sich den Kindern lächelnd zuwenden, ruhig sprechen und dabei zweimal bestätigend nicken. Die Hände bleiben übereinander liegen.

Krabbe – krabbe – krabbe

Rhythmisch-musikalisches Handgestenspiel

Krabbe – krabbe – krabbe –
mit vielen Beinchen kurz und klein
krabbelt hier: ein Käferlein! –
Krabbe – krabbe – krabbe –
Käferlein – Käferlein –
Krabbelt in sein Blätterhaus.
Ruht sich aus! – Ruht sich aus! –

Text	Bewegungen
1 Krabbe – krabbe – krabbe –	1 Die rechte Hand ist das «Käferlein». Alle Fingerkuppen einschließlich die des Daumens berühren den rechten Oberschenkel seitlich oben an der Hüfte. Alle Finger sind locker gebogen, sodass unter der Handinnenfläche ein Hohlraum ist. Das «Käferlein» krabbelt nun von der Hüfte mit sehr schnellen leichten Fingerbewegungen auf dem Oberschenkel entlang.
2 mit vielen Beinchen kurz und klein	2 Mit dem «Käferlein» weiterkrabbeln bis zur Mitte des Oberschenkels in einer Kurve über die Außenseite.
3 krabbelt hier: ein Käferlein!	3 Jetzt krabbelt der «Käfer» weiter von der Mitte des Oberschenkels bis zum Knie und bleibt dort ein Weilchen sitzen.
4 Krabbe – krabbe – krabbe –	4 Der «Käfer» krabbelt vom Knie wieder zurück bis zur Mitte des Oberschenkels, in fast gerader Linie.
5 Käferlein – Käferlein –	5 Von dort krabbelt er wieder in einer Kurve über die Außenseite des Schenkels bis zur Hüfte.

6 Krabbelt in sein Blätterhaus.

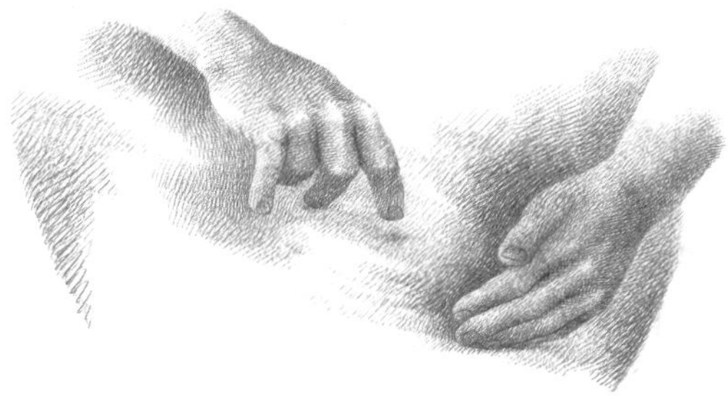

6 Die linke Hand wird nun mit der Handinnenfläche nach unten etwas hohl auf den linken Oberschenkel ganz nah beim Körper gelegt, als Blätterhaus (s. Abbildung links). Das «Käferlein» krabbelt dicht am Körper vom rechten zum linken Oberschenkel herüber und in das «Blätterhaus» hinein. Der «Käfer» bleibt darunter sitzen.

7 Ruht sich aus! – Ruht sich aus! –

7 Das «Käferlein» bleibt ruhig in seinem «Haus» sitzen. Das «Ruht sich aus» sehr gedehnt, fast singend sprechen und ausklingen lassen.

Hinweis:
Dieses Spiel kann auch als «Berührungsspiel» gespielt werden, die Hand des Erwachsenen ist das Käferlein und krabbelt auf dem Kinderkörper umher. Das Blätterhaus können zum Beispiel die Kinderhände sein, die Achselhöhle, die Kniekehle, die Halsbeuge oder eine andere Körperpartie. Die Rollen können getauscht werden. Zum Abschluss kann der Käfer mit einem Ruhelied in der Quintenstimmung eingewiegt werden. Siehe hierzu *Wiegen- und Ruhelieder in der Quintenstimmung* von Wilma Ellersiek.

Der Regenwurm

Rhythmisch-musikalisches Erzählchen für den Zeigefinger

Der Regenwurm, der ringelt sich.
Der Regenwurm, der kringelt sich.
Wird lang – wird kurz – wird lang –.
In die Erd' bohrt er ein Loch:
Bohrt – booohrt – boooooohrt.
Verschwindet darin ganz
mit Kopf und Schwanz.

Text	Bewegungen
1 Stumme Bewegung zur Vorbereitung:	1 Die rechte Hand wird zur locker eingerollten Faust gemacht, der Daumen liegt außen auf den Fingern. Die Faust mit den eingerollten Fingern als Auflagefläche auf den rechten Oberschenkel dicht am Körper auflegen.
2 Der Regenwurm, 	2 Den rechten Zeigefinger aus der Faust herausstrecken und darauf achten, dass die Fingerkuppe dabei stets den Oberschenkel berührt, die Faust macht währenddessen eine leichte Drehung auf den Kleinfingerrand, sodass der Zeigefinger mit dem rechten Nagelrand auf dem Schenkel liegt. Der Zeigefinger wird nicht restlos gestreckt, sondern verbleibt in einer schwachen Beugung. Diese Bewegung sehr langsam und kontinuierlich ausführen.
3 der ringelt sich. Der Regenwurm,	3 Bei «der» die Faust mit dem herausgestreckten Zeigefinger langsam ein wenig vorschieben in Richtung Knie. Bei «ringelt» im langsamen Weiterschieben der Faust, von der Zeigefingerspitze angeführt, eine kleine Bewegung nach links ausführen, bei «sich» be-

wegt sich der «Wurm» nach rechts, bei «Regen…» wieder nach links und bei «…wurm» noch einmal nach rechts. Die Bewegung ist fließend und der Zeigefinger ist in sich ruhig gehalten.

4 der kringelt sich.

4 Bei dem Wörtchen «der» mit der Vorwärtsbewegung der Faust innehalten, dafür den Zeigefinger so weit wie möglich einrollen.

5 Wird lang –

5 Den Zeigefinger wie oben bei 2 ausstrecken und gleichzeitig die Faust wieder vorwärts schieben.

6 wird kurz – wird lang –.

6 Bei «wird kurz» die Faust sehr langsam vorschieben und dabei den Zeigefinger wieder einrollen (wie oben bei 4), bei «wird lang» wieder strecken. Das «lang» sehr gedehnt sprechen und den Finger, der Sprache entsprechend, weit vorstrecken.

7 stumme Bewegung

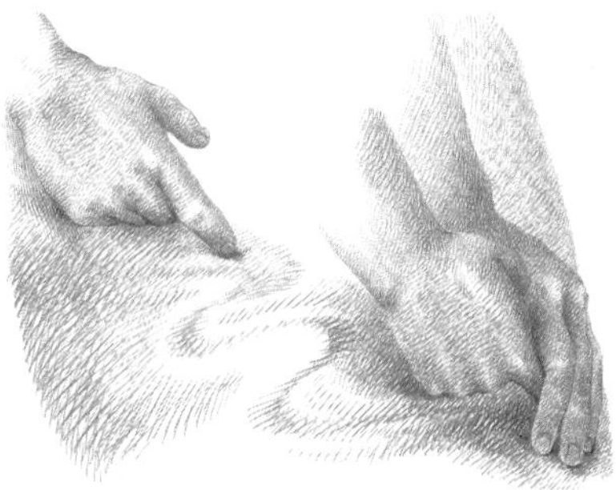

7 Nun wird die linke Hand auf den rechten Oberschenkel gelegt, die Finger sind geschlossen und liegen mit den Fingerkuppen am Knie, der Daumen ist unter der Hand eingeschlagen, dadurch ist die Hand etwas gewölbt. Die linke Hand stellt also einen Erdhügel dar.

Der Regenwurm, der ringelt sich. Der Regenwurm, der kringelt sich.

8 In die Erd' bohrt er ein Loch:

8 Der «Regenwurm» kriecht zum «kleinen Erdhügel». Dort erreicht er mit der Fingerkuppe den gebeugten Daumen, an diesem Platz bohrt der «Wurm» einmal nach rechts und einmal nach links in die «Erde»

9 Bohrt – booohrt – boooooohrt.

9 Beim ersten «bohrt» den «Wurm», ohne vorwärts zu bewegen, einmal nach rechts und einmal nach links bohren lassen. Eine kleine Pause einhalten. Jetzt bewegt sich der «Wurm» wieder langsam vorwärts, entlang dem eingeschlagenen linken Daumen, dabei langsam und gedehnt das zweite «booohrt» sprechen. Gleichzeitig mit der Vorwärtsbewegung schlängelt sich der Wurm nach rechts, nach links, nach rechts, wie in der linken Spalte mit den Pfeilen markiert. Wieder eine Pause lassen und beim dritten «boooooohrt» den Ablauf wie gehabt weiterführen, aber mit einer Drehung mehr. Nochmals eine Pause einfügen.

10 Verschwindet darin ganz mit Kopf

und Schwanz.

10 Der Wurm bohrt im angegebenen Sprachrhythmus weiter. Die Vorwärtsbewegung so einteilen, dass bei dem Wort «Schwanz» der «Wurm», also der rechte Zeigefinger, restlos unter dem «Erdhügel» verschwindet. Das Spiel ausklingen lassen, indem die letzte Gebärde ein Weilchen gehalten wird.

Die Schnecke

Rhythmisch-musikalisches Handgestenspiel

Die Schnecke sitzt in ihrem Haus.
Sie guckt und streckt die Fühler aus –
fängt zu kriechen an:
Kriecht – kriecht – kriecht –
kommt langsam nur voran.
Kriecht – kriecht – kriecht – hält an! –
Ist müde – zieht die Fühler ein –
und ruht sich aus – im Häuselein. –

Text	Bewegungen
1 Stumme Bewegungsvorbereitung	1 Die rechte Hand zu einer lockeren Faust machen, der Daumen liegt auf den Fingern. Die Faust auf eine Unterlage, zum Beispiel Oberschenkel, Tisch, Boden … auflegen.
2 Die Schnecke sitzt in ihrem Haus.	2 Der Erwachsene schaut seine «Schnecke» an und spricht bedächtig.
3 Sie guckt und streckt die Fühler aus – 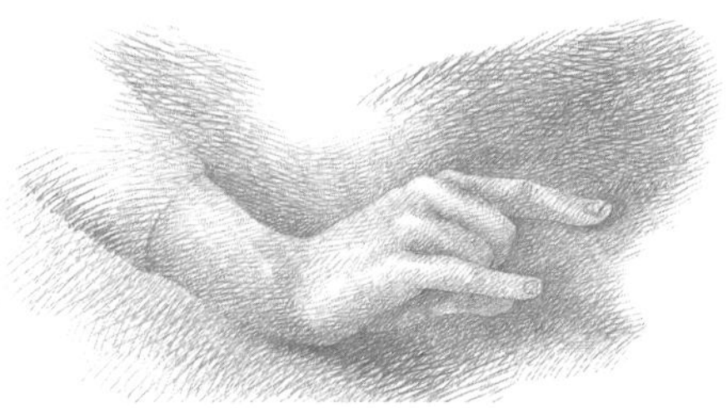	3 Die Schnecke immer noch anschauen und sehr langsam den Zeigefinger und den kleinen Finger aus der Faust als Fühler herausstrecken. *Für Kinder unter drei Jahren* anstelle des kleinen Fingers den Mittelfinger zusammen mit dem Zeigefinger als Fühler herausstrecken.
4 fängt zu kriechen an:	4 Langsamst setzt sich die «Schnecke» in Bewegung.
5 kriecht – kriecht – kriecht –	5 Die «Schnecke» weiterhin sehr langsam, aber kontinuierlich vorwärtsschieben, dabei sehr gedehnt und monoton sprechen. Die Faust

	darf den «Boden» kaum berühren, damit die Bewegung geschmeidig bleibt. Zwischen den Worten kleine Pausen einfügen, die Vorwärtsbewegung trotzdem fortsetzen. Nach dem dritten «kriecht» hält die «Schnecke» an.
6 Kommt langsam nur voran.	6 Die Schnecke anschauen und nebenstehenden Text gedehnt sprechen, dabei die Fühler ein wenig bewegen. Dann setzt die «Schnecke» ihren Weg fort, das heißt, die langsame Vorwärtsbewegung setzt wieder ein.
7 Kriecht – kriecht – kriecht –	7 Weiterkriechen wie oben bei 5 beschrieben. Die «Schnecke» kann auch kleine Richtungswechsel vornehmen, dazu die «Schneckenhand» leicht aus dem Handgelenk heraus bewegen.
8 hält an! –	8 Die Erzieherin hält in der Bewegung inne und schaut ihre «Schnecke» an.
9 Ist müde –	9 Bei «müde» nickt die Erzieherin einmal mit dem Kopf. Eine kleinen Pause einhalten und dann die «Fühler» ein wenig bewegen.
10 zieht die Fühler ein –	10 Den Zeigefinger und den kleinen Finger (oder den Mittelfinger) langsam einrollen, zurück zur Ausgangshaltung wie oben bei 1.
11 und ruht sich aus – im Häuselein. –	11 Die ruhig liegende Faust (Schnecke) anschauen. Sich viel Zeit lassen, bis die Geste aufgelöst wird.

Hinweis:
Je nach Alter und Entwicklungsstand der Motorik werden die Kinder die Schneckenfühler mit Daumen und Zeigefinger oder mit Zeige- und Mittelfinger nachahmen. Das Kind darf auf keinen Fall korrigiert werden. Eines Tages entdeckt es selbst, dass die Hand des Erwachsenen anders aussieht. Das Kind braucht nur genügend Zeit, dann wird es ganz selbstständig präzise nachahmen.

Die Katz

Rhythmisch-musikalisches Erzählchen mit Handgesten

Wer schleicht heran mit leiser Tatz?
Das ist: die Katz! Miau!
Sie liegt im warmen Sonnenschein,
ei – ei, – schnurrt – schnurrt – schnurrt,
ei – ei, – schnurrt – schnurrt,
ei, – schnurrt –
und schläft ein. –

Text	Bewegungen
1 stumm: – – – – Z M Z M Wer schleicht heran mit leiser Tatz? Z M Z M stumm: – – – – Z M Z M	1 Die rechte Hand ist die Katze. Für den schleichenden Katzengang, die rechte Hand zur Faust einrollen, Zeige- und Mittelfinger leicht gekrümmt aus der Faust herausstrecken und den Daumen auf den eingerollten Ringfinger legen. Die «Katze» schleicht von der rechten Hüfte langsam, aber geschmeidig über den rechten Oberschenkel. Für das Schleichen den Zeige- und den Mittelfinger mit den Fingerkuppen abwechselnd sehr behutsam auf den Schenkel aufsetzen, für jeden Schritt, den die «Katze» macht, den jeweiligen Finger weit vorstrecken, so, als ob die Katze den Boden abtastet. Die ersten vier Schritte macht die «Katze» ohne sprachliche Begleitung, dann die Sprache wie angegeben dem Bewegungsrhythmus anpassen und noch weitere vier Schritte stumm hinzufügen. Jetzt ist die Katze fast am Knie angekommen.

2 Das ist: die Katz!

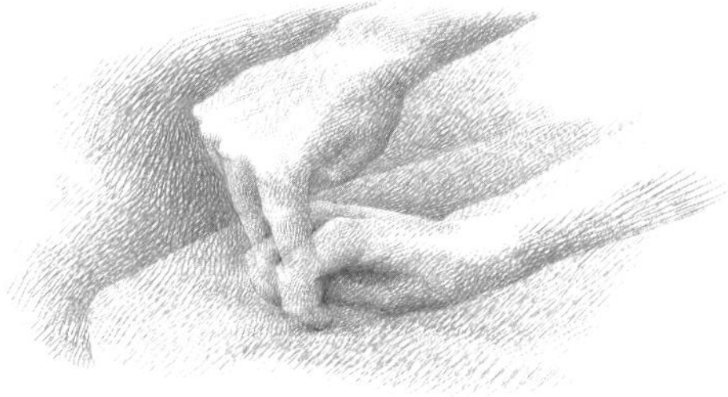

2 Kurz vor dem Knie bleibt die «Katz» stehen, bei «das ist die» macht sie einen Buckel, dafür das rechte Handgelenk so weit wie möglich hochwölben, ohne dass die «Pfoten» den Schenkel verlassen. Das Hochziehen des Handgelenks setzt sich bis in die Schulter hinauf fort. Bei dem Wort «Katz» die rechte Hand wieder zur lockeren Faust machen und diese und den Unterarm auf dem Oberschenkel ablegen.

3 Miau!

3 Die rechte Faust aus dem fest aufliegenden Handgelenk ein wenig anheben, dazu das «Miau» sprechen und die Faust wieder ablegen, wenn das «… au» erklingt. Den Tierlaut «Miau» unbedingt musikalisch gestalten, keinesfalls naturalistisch!

4 Sie liegt im warmen Sonnenschein,

4 Die Katze liebevoll anschauen. Den Text so sprechen, dass man die warmen Sonnenstrahlen spüren kann!

5 Ei – ei, –

5 Mit der linken Hand bei jedem «ei –» über Faust und den Unterarm bis zum Ellenbogen liebevoll streicheln. Das «ei –» fast singend sprechen. Dann das rechte Ohr in Richtung «Katze» neigen und horchen:

6 Schnurrt – schnurrt – schnurrt,
(oder:)
hrrrrrr – hrrrrrr – hrrrrrr,

6 Auf einer Tonhöhe, drei mal das «Schnurrt» sprechen. Wer das Zungen-R beherrscht, macht dreimal mit der Zunge das Schnurrgeräusch «hrrrrrr – hrrrrrr – hrrrrrr». Jedes Mal mit einem luftig klingenden «h» das Zungen-R anlauten lassen. Die Lippen sind dabei wie für den Laut «u» zusammengezogen, dadurch bekommt das Schnurren einen schönen dunklen Klang. Wenn man nur mit dem Zungen-R schnurrt, sagt man nach dem dritten Mal: «Schnurrt!»

7 ei – ei, – schnurrt – schnurrt,
(hrrrrrrr – hrrrrrrr,)
ei, – schnurrt –
(hrrrrrrrrrrr –)

7 Wie oben bei 6. Nach dem letzten «schnurrt» etwas länger horchen. Bei der Ausführung mit dem Zungen-R nur noch das Geräusch erzeugen und nicht mehr das Wort «schnurrt» aussprechen.

8 und schläft ein. –

8 Die «Katze» anschauen, dann sehr langsam die rechte Faust auf den Kleinfingerrand drehen und dabei das Handgelenk stark abwinkeln, die «Katze» rollt sich zum Schlafen zusammen. Dazu gedehnt sprechen. Bei dem letzten Wort «ein» ruht die Faust bewegungslos auf dem Oberschenkel.
Die Kinder schweigend, aber heiter anschauen und einmal langsam nicken.

Flatter – Flatter

Rhythmisch-musikalisches Handgestenspiel (gekürzt)

Flatter – flatter, fli – fla – flatter,
flatter – flatter – Schmetterling –
Flatterling – Flatterling!

Setzt sich nieder auf mein Knie!
Klappt die Flügel aus und ein, aus und ein,
sieh nur, sieh – sieh nur, sieh!

Flatter – flatter, fli – fla – flatter,
flatter – flatter – Schmetterling –
Flatterling – Flatterling!

Setzt sich auf ein Blümelein!
Klappt die Flügel aus und ein, aus und ein.
Wärmet sich im Sonnenschein. –
Wärmet sich und schläft ein.

Text

1 Flatter – flatter, fli – fla – flatter,

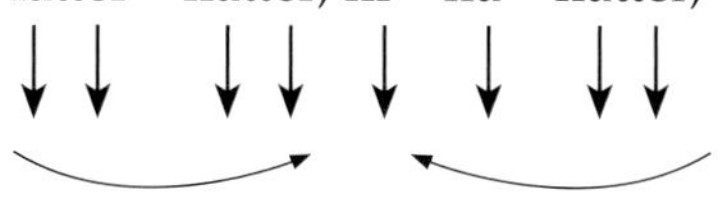

flatter – flatter – Schmetterling –

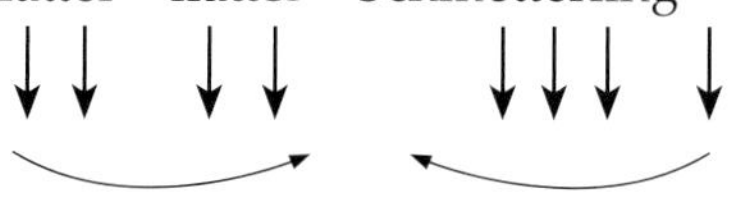

2 Flatterling – Flatterling!

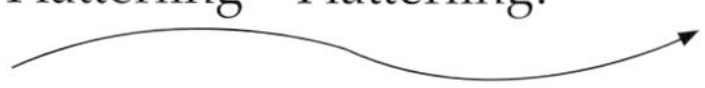

3 stumm

Bewegungen

1 Vor dem Sprechen des Textes kommt der «Schmetterling» (rechte Hand) von hinten in einem Bogen über die Seite nach vorne «geflattert». Ab der Körpermitte wendet der Schmetterling und vollzieht nun in Begleitung des Textes die eingezeichneten Flugbögen (siehe links).
Für den «Schmetterling» die gestreckten Finger der rechten Hand seitlich eng aneinanderlegen, auch den Daumen! Die gestreckten Finger sind die Fügel. Für den Flug die gestreckten Finger alle gleichzeitig nur aus dem Fingergrundgelenk in rascher Folge, dem Sprachrhythmus angepasst, auf- und abbewegen. Die Handinnenfläche zeigt zum Boden.

2 Der «Schmetterling» fliegt mit vielen Flatterbewegungen den links unter dem Text eingezeichneten geschwungenen Bogen. Die Sprache dazu sehr melodiös gestalten.

3 Mit vielen Flatterbewegungen von rechts außen in einem flachen Bogen zum rechten Knie flattern.

4 Setzt sich nieder auf mein Knie!

4 Kurz über dem Knie dreht sich der «Schmetterling» um (Handinnenfläche zeigt nach oben), die Finger flattern dabei weiter. Mit dem Wort «nieder» setzt sich der Schmetterling etwa eine Handbreit hinter dem Knie mit den Knöcheln auf den Schenkel in der links abgebildeten Handhaltung. Den «Schmetterling» liebevoll anschauen.

5 Klappt die Flügel aus und ein, aus und ein,
sieh nur, sieh – sieh nur, sieh!

5 Die gestreckten Finger (Schmetterlingsflügel) gleichzeitig herunterklappen, bis sie das Knie berühren und wieder zur Ausgangsstellung hochklappen. Diesen Bewegungsablauf langsam und ruhig ausführen, so wie es die Bögen unter dem Text links zeigen.

6 Flatter – flatter, fli – fla – flatter,
flatter – flatter – Schmetterling –
Flatterling – Flatterling!

6 Wie oben bei 1 und 2 ausführen.

7 stumm

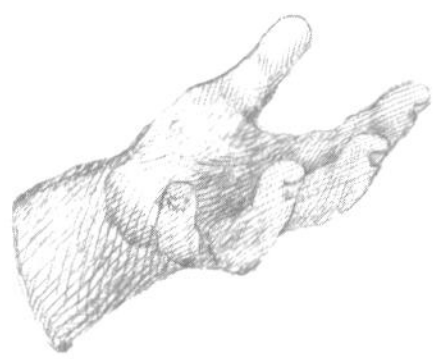

7 Solange der «Schmetterling» ohne Textbegleitung von rechts außen Richtung Körpermitte fliegt, bildet die linke Hand eine Blüte (siehe Abbildung links).

8 Setzt sich auf ein Blümelein!

8 Kurz über dem Blümelein dreht sich der «Schmetterling» wieder um (Handinnenfläche nach oben), um sich mit dem Wort «auf» mit den Knöcheln auf der «Blume» niederzusetzen (siehe Abbildung links).

9 Klappt die Flügel aus und ein, aus und ein.

stumm

9 Mit dem Wort «klappt» beginnt wieder das ruhige Auf- und Zuklappen der «Flügel»; die Bewegung im Rhythmus (durch die Bögen unter dem Text gekennzeichnet) ausführen. Zum Abschluss die Flügel stumm öffnen.

10 Wärmet sich im Sonnenschein. –

10 Der «Schmetterling» bleibt mit geöffneten Flügeln auf der «Blume» sitzen. Eine Weile innehalten, dann fortfahren:

11 Wärmet sich und schläft ein.

11 Die Finger der «Schmetterlingshand» so gestreckt wie möglich hochklappen, bis die Fingerspitzen fast den Daumenballen berühren. Mit heller, aber leiser Stimme das Spiel ausklingen lassen.

(Aus dem Spiel wurde eine Strophe herausgekürzt. Für die Kürzung verantwortlich: Ingrid Weidenfeld)

Das Vögelein

Rhythmisch-musikalisches Erzählchen (gekürzt) mit Handgesten

Das Spiel vom «Vögelein» ist ein ideales Spiel, um mit den Kindern «mitzuwachsen». Schon Säuglinge reagieren auf Vogelgezwitscher, und nicht selten bezeichnet man Kinder als «Vögelchen». Noch nicht fest inkarniert, hat man oft den Eindruck, dass das Kinderseelchen noch wie ein Vögelein umherfliegt. So verwundert es auch nicht, dass gerade dieses Spiel die Kinder in sehr jungem Alter sehr anspricht.

Das hier vorliegende Vogelspiel von Wilma Ellersiek ist eigentlich ein recht langes und ausgereiftes Handgestenspiel; durch seine rondoartige Komposition sind aber diverse Kürzungsmöglichkeiten gegeben. In der hier abgedruckten Fassung steht zunächst die kürzestmögliche Variante. Es folgen weitere Teile des Spieles, die beliebig kombinierbar sind. So kann das Vogelspiel jeweils eine Erweiterung erfahren, wenn die Kinder älter werden und die Konzentrationsspanne sich entsprechend verlängert.

Kürzeste Fassung (Grundspiel)

Das Vögelein im Nest
schläft ganz fest. –

Kommt der Tag herauf,
wacht es auf!
Zwitschert leis:
ziwitsch-ziwitsch – zitsch-zitsch.
ziwitsch-ziwitsch – zitsch-zitsch.

Fliegt das kleine Vögelein,
fliegt – fliegt – fliegt –
Setzt sich nieder und ruft:
Piiiep – piep – piiiep.
Hab' dich lieb! – Hab' dich lieb!

Text (Grundspiel)	Bewegungen
1 Das Vögelein	1 Aus der rechten Faust werden Zeigefinger und Daumen herausgestreckt und in gestrecktem Zustand aufeinandergelegt. Sie bilden einen spitzen Vogelschnabel. Die linke Hand formt vor der Körpermitte eine Schale, sie zeigt ein «Vogelnest».
2 im Nest 	2 Bei «im Nest» setzt man die rechte Hand mit der Schnabelgeste in die linke Hand hinein (siehe Abbildung links).
3 schläft ganz fest. –	3 Zeigefinger und Daumen, die den Schnabel bilden, leicht einrollen, so als ob das «Vögelein» den Schnabel unter die Federn steckt.
4 Kommt der Tag herauf,	4 Das «Nest mit dem Vögelein» etwa auf Brusthöhe anheben, die Bewegung setzt im Rücken an, der sich leicht streckt.
5 wacht es auf!	5 Zeigefinger und Daumen bilden jetzt wieder den spitzen Schnabel, der über den Rand des «Nestes» herausguckt (siehe Abbildung bei 2).
6 Zwitschert leis: ziwitsch-ziwitsch – zitsch-zitsch. < < < < ziwitsch-ziwitsch – zitsch-zitsch. < < < <	6 Jeweils bei «<» das Schnäbelchen mit einer sehr kleinen Bewegung öffnen und gleich wieder schließen. Die Sprache gut rhythmisieren. Während des Zwitscherns das Vögelein anschauen, dann kurz nachhorchen, die Kinder anlächeln und dann wieder das Vögelein anschauen.

7 Fliegt das kleine Vögelein,
fliegt – fliegt – fliegt –

7 Die Nestgeste der linken Hand unmerklich auflösen. Die rechte Hand verwandelt sich vom Vogelschnabel zum fliegenden Vogel: Alle Finger strecken und seitlich dicht schließen, auch der Daumen liegt eng an. Die Flugbewegung beginnt im Handgelenk und setzt sich geschmeidig durch alle Fingergelenke fort, bis in die Fingerspitzen. Die Flugbewegung ist luftig-locker und wird in leichten Bögen ausgeführt. Der Flugweg geht für die erste Textzeile nach rechts, mit der zweiten Zeile fliegt das «Vögelein» zum rechten Knie.

8 Setzt sich nieder und ruft:

8 Unmittelbar bevor die Erzieherin das Wort «setzt» spricht, verwandelt sie die Fluggeste in die Schnabelgeste. Zeitgleich mit dem Wort «setzt» landet das «Vögelein» dicht hinter dem Knie: Die Handwurzel berührt den Schenkel. Der Schnabel ist zum Betrachter gerichtet.

9 Piiiep – piep – piiiep.
< < <

Hab' dich lieb! – Hab' dich lieb!
< < < < < <

9 Nach einer kurzen Zäsur öffnet und schließt die Erzieherin das «Schnäbelchen», wie es mit den Zeichen unter den Worten markiert ist.
< ist eine kleine Schnabelöffnung,
< ist eine große Schnabelöffnung.

Erweiterung I (Spielabschluss)

Weiter fliegt das Vögelein,
fliegt – fliegt – fliegt –
Fliegt zurück ins Nest nach Haus.
Ruhet aus! – Ruhet aus!
Steckt´s Köpfchen unters Flüglein
und schläft ein. –

Text (Erweiterung I)	Bewegungen
1 Weiter fliegt das Vögelein, fliegt – fliegt – fliegt –	1 Die Erzieherin bildet die Fluggeste (siehe im Grundspiel bei Punkt 7). Den «Vogelflug» wieder in leichten Bögen auf und ab, passend zum Rhythmus des Textes, gestalten (siehe im Grundspiel).
2 Fliegt zurück ins Nest nach Haus. 	2 Solange das «Vögelein» noch fliegt, bildet die Erzieherin mit ihrer linken Hand ein Nest. Unmittelbar vor dem Wort «Nest» verwandelt sie den fliegenden Vogel schnell in die Schnabelgeste und setzt ihn zeitgleich mit dem Wort in das «Nest» hinein.
3 Ruhet aus! – Ruhet aus!	3 Das «Vögelein» sitzt geborgen im Nest, nur der Schnabel guckt über den Nestrand hinaus. Bei dem Wort «Ruhet» nickt die Erzieherin einmal bedächtig mit dem Kopf.
4 Steckt´s Köpfchen unters Flüglein und schläft ein. –	4 Das «Schnäbelchen» unter den Flügel stecken (siehe oben im Grundspiel bei Punkt 3). Mit leichtem Schaukeln des Nestes das Spiel in Ruhe ausklingen lassen.

Erweiterung II (Ausklang)

Bitten wir den lieben Wind:
«Wiege ein mein Vogelkind.»

Weh'– Weh'– Wiegenlied

Text (Erweiterung II)	Bewegungen
1 Bitten wir den lieben Wind: «Wiege ein mein Vogelkind.»	1 Die Erzieherin hält beide Hände vor sich, die linke Hand ist das Nest, die rechte sitzt als schlafendes Vögelchen («Schnäbelchen unter dem Flügel») darin. Mit dem Oberkörper wiegt sie leicht nach rechts und links, dabei spricht sie leise zu den Kindern. Dann geht sie weiterwiegend zum Singen über.
2 Lied «Weh'-weh'-Wiegewind» (siehe oben)	2 Das Lied sanft, nicht zu langsam singen. Die Wiegebewegung etwa dem Puls des Kindes anpassen (der Kinderpuls ist deutlich schneller als der eines Erwachsenen!). Der Puls ist das Grundtempo des Liedes. (Siehe die Bewegungspfeile unter dem Liedtext.)

Erweiterung III (Körnerpicken)

Weiter fliegt das Vögelein,
fliegt – fliegt – fliegt –
Findet gute Körnerlein!

Pick-pick-pick-pick-pick-pick-peck –
pickt es alle Körner weg.
pick-pick-pick-pick-pick-pick-peck –
pickt es alle Körner weg.

Text (Erweiterung III)	Bewegungen
1 Weiter fliegt das Vögelein, fliegt – fliegt – fliegt –	1 Die Erzieherin bildet die Fluggeste (siehe im Grundspiel bei Punkt 7). Den «Vogelflug» wieder in leichten Bögen auf und ab, passend zum Rhythmus des Textes, gestalten (siehe im Grundspiel).
2 Findet gute Körnerlein!	2 Die «Fluggeste» kurz über dem «Landeplatz» (Mitte des rechten Oberschenkels) in die «Schnabelgeste» verwandeln und zeitgleich mit dem Wort «Findet» den «Vogel» mit der Handwurzel aufsetzen.
3 Pick-pick-pick-pick-pick-pick-peck – ◎ ◎ ◎ ◎ ◎ ◎ ◎ pickt es alle Körner weg. ◎ ◎ ◎ ◎ ◎ ◎ ◎ pick-pick-pick-pick-pick-pick-peck – ◎ ◎ ◎ ◎ ◎ ◎ ◎ pickt es alle Körner weg. ◎ ◎ ◎ ◎ ◎ ◎ ◎	3 Mit dem «Schnabel» rund um den Platz, an dem der «Vogel» gelandet ist, imaginäre Körnchen aufpicken. Die Schnabelspitze berührt jeweils bei «◎» den Schenkel.

Erweiterung IV (Wasserquelle)

Weiter fliegt das Vögelein,
fliegt – fliegt – fliegt –
Findet eine Wasserquelle!
Stippt! – Nippt! –

Hebt das Köpfchen mit dem Tröpfchen:
gluck-gluck-gluck-gluck,
rollt es ins Kröpfchen.
Stippt! – Nippt! – Gluck-gluck-gluck-gluck!
Stippt! – Nippt! – Gluck-gluck-gluck-gluck!

Text (Erweiterung III)

1 Weiter fliegt das Vögelein,
fliegt – fliegt – fliegt –

Bewegungen

1 Die Erzieherin bildet die Fluggeste (s. Grundspiel, Punkt 7). Den «Vogelflug» wieder in leichten Bögen auf und ab, passend zum Rhythmus des Textes, gestalten (s. Grundspiel).

2 Findet eine Wasserquelle!

2 Die Fluggeste kurz über dem Landeplatz (rechte Leiste) in die Schnabelgeste verwandeln und zeitgleich mit dem Wort «Findet» den Vogel mit der Handwurzel nah am Körper auf dem Oberschenkel aufsetzen.

3 Stippt! – Nippt! –
<<<

3 Die Erzieherin tupft bei «Stippt» mit dem «Schnäbelchen» nah am Körper auf den Schenkel mit der Vorstellung, den Schnabel ins Wasser zu tauchen. (Die Handwuzel verlässt für diesen Moment den Schenkel.) Dann den wieder nach vorn zeigenden Schnabel bei «nippt» dreimal in rascher Folge öffnen und schließen (sehr kleine Bewegungen).

4 Hebt das Köpfchen mit dem Tröpfchen:

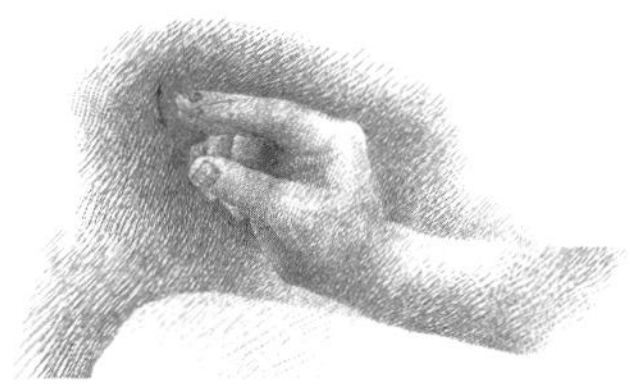

4 Jetzt die ganze rechte Hand mit dem leicht geöffneten «Schnäbelchen» aus dem Handgelenk nach hinten kippen (siehe Abbildung links).

5 gluck-gluck-gluck-gluck, < < < < rollt es ins Kröpfchen. < < < < <	5 Die gekippte Handhaltung beibehalten und im angegebenen Sprachrhythmus «<» den Schnabel öffnen und schließen; die Bewegung ist sehr klein.
6 Stippt! – Nippt! – > > >	6 Siehe Erweiterung III, Punkt 3.
7 Gluck-gluck-gluck-gluck! < < < < Stippt! – Nippt! – Gluck-gluck-gluck-gluck!	7 Die rechte Hand nach hinten kippen, wie bei Punkt 4, und sofort das «Gluck-gluck» anschließen. Den Ablauf von 6 und 7 wiederholen.

Die Kombination der Spielerweiterungen ist folgendermaßen möglich:

Die Bausteine:

Grundspiel	
Spielabschluss	(Erweiterung I)
Ausklang	(Erweiterung II)
Körnerpicken	(Erweiterung III)
Wasserquelle	(Erweiterung IV)

Das **Grundspiel** kann schon mit Kindern ab einem Jahr über längere Zeit gespielt werden. Wenn den Kindern das Spiel dann gut vertraut und der Konzentrationsbogen schon länger geworden ist, kann mit dem **Erweiterungsspiel I** das Spiel abgeschlossen werden. Als nächster Schritt kann die **Erweiterung II** folgen, dann klingt das Spiel mit dem Lied aus.

Es ist aber auch möglich, dass nach dem Grundspiel die **Erweiterung III** folgt (da findet das Vögelein Körner, die es pickt), danach sollte als Spielabschluss wieder die Erweiterung I folgen.

Die älteren Krippenkinder freuen sich dann auch, wenn das Vögelein noch die Wasserquelle findet. Das ist dann in der **Erweiterung IV** der Fall. Sie kann unmittelbar an das Grundspiel anschließen.

Möglich ist auch die Kombination: Grundspiel, Erweiterung III (Körnerpicken), Erweiterung IV (Wasserquelle) und dann Erweiterung I zum Abschluss.

Erweiterung II (das Ausklangslied) ist optional als Spielabschluss immer möglich.

(Für die Kürzung verantwortlich: Ingrid Weidenfeld)

Hoppel-hopp!

Rhythmisch-musikalisches Erzählchen (gekürzt)

Hoppel-hopp! durch das Gras! –
Hoppel-hopp! springt der Has'. –
Schnuppert – schnuppert mit der Nas'.
Spitzt die Ohren!
Wackelt mit dem Schwanz.
Trallala – trallala macht einen Tanz.
Hoppelt: hoppel-hopp nach Haus.
Hoppel-hopp – hoppel-hopp,
hopsassa! Das Spiel ist aus.

Text	Bewegungen
1 Hoppel-hopp! – durch das Gras! – ↑ ↓ ↑ ↓ ↑ ↓ ↑ ↓ Hoppel-hopp – springt der Has'. – ↑ ↓ ↑ ↓ ↑ ↓ ↑ ↓	1 Die Erzieherin nimmt ihre dominante Hand für die Hasengeste: aus der lockeren Faust Zeige- und Mittelfinger herausstrecken als Hasenohren. Den Daumen locker auf die eingerollten Finger legen (Ring- und kleiner Finger). Der Hase «sitzt» nahe am Körper dicht über dem Oberschenkel. Von dort hoppelt er, zum Sprachrhythmus passend (siehe die Pfeile unter dem Text), in einer geraden Linie bis vor zum Knie.
2 Schnuppert – schnuppert mit der Nas'.	2 Die Hasengeste beibehalten. Für das «Schnuppern» die Fingerkuppen von Ring- und kleinem Finger mit sehr kleinen Bewegungen auf die Daumenkuppe tupfen. Diese Bewegung mit viel Zeit ausführen, die Textbegleitung ebenfalls langsam gestalten.
3 Spitzt die Ohren!	3 Den Daumen der «Hasenhand» wieder auf die eingerollten Finger legen (Ring- und kleiner Finger) und mit dem Wort «spitzt» Zeige- und Mittelfinger ganz in die Höhe strecken – der Hase horcht eine Weile.

4 Wackelt mit dem Schwanz.

⇅ ⇅ ⇅ ⇅ ⇅

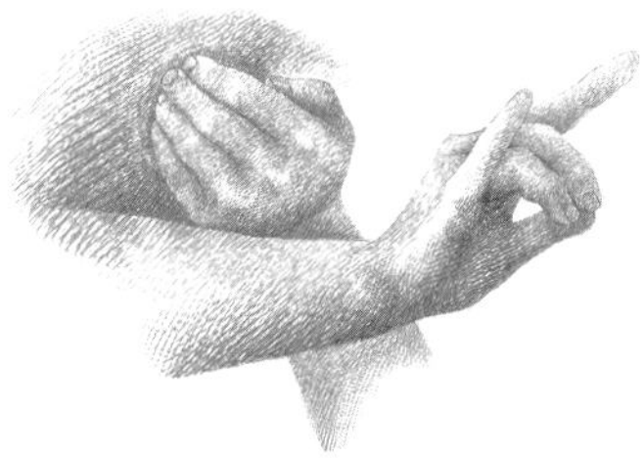

*

4 Das Handgelenk der anderen Hand auf das Gelenk der «Hasenhand» legen (siehe Abbildung links), die die Hasengeste beibehält. Für das «Schwanzwackeln» die locker gebogenen Finger im Sprachrhythmus (mit Pfeilen gekennzeichnet) auf- und abwippen lassen. Danach den «Schwanz» verschwinden lassen.

5 Trallala – trallala macht einen Tanz.

⌣ ⌣ ⌣

5 Für das «Tänzchen» den «Hasen» etwas höher halten und ihn lustig nach rechts und links drehen, exakt auf den Text passend. (Die Drehbewegung evtl. stumm noch einige Male wiederholen.)

6 Hoppelt: – – hoppel-hopp nach Haus. –

↑ ↓ ↑↓ ↑ ↓ ↑ ↓ ↑ ↓

Hoppel-hopp – hoppel-hopp, –

↑ ↓ ↑ ↓↑ ↓ ↑ ↓

6 Der «Hase» hoppelt, wie oben bei 1 beschrieben, den gleichen Weg über die Länge des Oberschenkels zurück zur Leiste. Text und Bewegung müssen in Übereinstimmung sein!

7 hopsassa!

↑ ⤵

7 Mit einem letzten, etwas höheren Sprung bei «hopsassa» verschwindet der «Hase» hinter dem Rücken der Erzieherin. Je jünger die Kinder sind, umso sanfter muss der Sprung ausgeführt werden, damit sich die Kinder nicht erschrecken.

8 Das Spiel ist aus.

8 Bevor «Das Spiel ist aus» gesprochen wird, einen Moment warten, dabei die Kinder lächelnd anschauen. Dann den Text sprechen und einmal dazu nicken.

* Die Abbildung bei Punkt 4 zeigt die Hasengeste für ältere Kindergartenkinder.

(Ein Teil des «Hasentänzchens» wurde in der vorliegenden Version gekürzt. Für die Kürzung verantwortlich: Ingrid Weidenfeld)

Das Fischlein

Rhythmisch-musikalisches Erzählchen

Im Bächlein hell und frisch,
da schwimmt ein kleiner Fisch!

Schwimmt – schwimmt – schwimmt,
Springt – taucht – spaddelt
und ruht.

Schwimmt – schwimmt – schwimmt,
springt – taucht – spaddelt
und ruht.

Lässt sich schaukeln von der Flut.
(*stumm*)
Schaukeln – schaukeln – schaukeln.

Text	Bewegungen
1 Im Bächlein hell und frisch,	1 Die Hände mit lockeren Fingern waagrecht nebeneinanderhalten, die Handinnenflächen nach unten gerichtet in Wellenbewegungen von links seitlich neben den Schenkeln beginnen, vor den Knien entlang auf die rechte Seite führen.
2 da schwimmt ein kleiner Fisch!	2 Die rechte Hand ist der «Fisch»: Sie wird mit langgestreckten, geschlossenen Fingern rechts neben der Hüfte positioniert. Von dort schwimmt der «Fisch» am rechten Schenkel entlang in einer Schlangenlinie bis vor die Knie. Die «Fischhand» muss während des Schwimmens ebenso elastisch sein wie der Körper einer kleinen Forelle. Die Finger beugen und strecken sich während des Schlängelns ganz leicht, gleichzeitig führt der Unterarm eine leichte Drehbewegung und eine leichte Auf-ab-Bewegung aus. Die Finger führen die Schwimmbewegung an.

3 Schwimmt – schwimmt – schwimmt,

3 Der Fisch schwimmt den gleichen Weg wieder zurück, ohne dass die Hand umgedreht wird. Für das Rückwärtsschwimmen, von den Knien zur rechten Hüfte, führt das Handgelenk die Schwimmbewegung an. Die vom Handgelenk impulsierte Bewegung fließt ganz weich durch alle Gelenke der Hand und der Finger. Sehr melodisch, fast singend sprechen.

4 springt – taucht – spaddelt

4 Für das «springt» die «Fischhand» senkrecht nach oben stoßen (Halshöhe), dabei mit heller Stimme dynamisch sprechen. Bevor das Wort «taucht» mit dunklerer Stimme gesprochen wird, die Hand mit den Fingerspitzen abwärts drehen, dann mit dem Wort «taucht» den «Fisch» aktiv nach unten stoßen bis auf Wadenhöhe und im Bogen wieder zurück vor die Knie. Die Handinnenfläche ist zum Körper gewendet, die Kleinfingerseite zeigt zu Boden. Jetzt werden die Finger der rechten Hand gespreizt und bei dem Wort «spaddelt» die ganze Hand und der Unterarm sehr lebhaft hin- und hergedreht (gewirbelt).

5 und ruht.

5 Die vom «Spaddeln» gespreizten Finger wieder schließen und die rechte Hand seitlich des rechten Knies ruhig halten. Mit weicher, dunkler Stimme das Wort «ruht» gedehnt sprechen.

6 Schwimmt – schwimmt – schwimmt,
springt – taucht – spaddelt
und ruht.

6 Text und Bewegungen wiederholen wie oben bei 3, 4 und 5.

7 Lässt sich schaukeln von der Flut.	7 Das «Fischlein» aus der Ruhestellung in Fließrichtung des Baches vom rechten Ellenbogen geführt leicht auf- und abschaukeln lassen. Die rechte Hand ist locker und lässt die Schaukelbewegung passiv geschehen. Rhythmisch, aber trotzdem sehr melodiös sprechen.
8 stumm	8 Die Schaukelbewegung einige Zeit ohne Sprache fortsetzen. Das «Fischlein» dabei aufmerksam und liebevoll anschauen.
9 Schaukeln – schaukeln – schaukeln.	9 In Ruhe weiterschaukeln, fast singend dazu sprechen, bis die Hand nicht mehr weiter nach rechts außen «schaukeln» kann. Dann den Arm langsam sinken lassen und stumm noch ein Weilchen hinterherschauen.

Das Igelspiel

Rhythmisch-musikalisches Erzählchen

Schsch – Schsch! Schsch – Schsch!
Was raschelt in dem Blätterhaufen?
Schsch – Schsch. Wer mag nur darin laufen?
Dappe-dappe-dappe-dappe,
hin und her – hin und her.
Ruschel-raschel-ruschel-raschel,
kreuz und quer – kreuz und quer.

Ha! Ich seh ein Schnäuzchen blitzen
und auch viele Stachelspitzen!
Dappe-dappe-dappe-dappe,
hin und her – hin und her.
Ruschel-raschel-ruschel-raschel,
kreuz und quer – kreuz und quer.

Ich glaube, dass ihr es schon wisst,
dass das ein kleiner Igel ist!
Dappe-dappe-dappe-dappe,
hin und her – hin und her.
Ruschel-raschel-ruschel-raschel,
kreuz und quer – kreuz und quer.

Dappe-dappe-dappe-dappe,
dappe-dappe-dappe-dapp.

Horcht! – – Er ist davongelaufen – – –
man hört nichts mehr im Blätterhaufen. –

Text	Bewegungen
1 stumm (horchen) 	1 Die Erzieherin sitzt, ihre eng aneinandergehaltenen Oberschenkel bilden die Erde, auf der ein imaginärer Blätterhaufen liegt. Dann führt sie ihre rechte Hand an das rechte Ohr und beugt sich leicht nach vorn, um in den Blätterhaufen zu horchen.
2 Schsch – Schsch! Schsch – Schsch! 	2 Beide Hände etwa auf Magenhöhe nebeneinanderhalten, die Innenflächen nach unten gerichtet, die Finger schwach gespreizt und leicht gestreckt. In dieser Haltung die Hände aus- und einwärts drehen, dabei gleichzeitig hin- und her-, vor- und rück- und auch ganz leicht auf- und abbewegen. Diese Bewegung zeigt das Rascheln im Blätterhaufen an. Das «Schsch» ausklingen lassen, die rechte Hand wieder ans rechte Ohr legen und noch mal horchen. Dann sprechen:

3 Was raschelt in dem Blätterhaufen?

3 Den Laut «sch» in dem Wort «raschelt» sehr plastisch sprechen. Gleichzeitig mit beiden Händen die Konturen des Blätterhaufens der auf der «Erde» (den Oberschenkeln) liegt, von der Spitze beginnend, zeigen.

4 Schsch – Schsch.

4 Das «Schsch – Schsch» wiederum sehr plastisch und dynamisch klingen lassen und gleichzeitig die Hände wie oben bei 2 beschrieben bewegen.

5 Wer mag nur darin laufen?

5 Leise und voller Spannung sprechen, dabei erst die Kinder und dann den Blätterhaufen ansehen. Bei dem Wörtchen «darin» auf den Blätterhaufen zeigen.

6

a)		b)
dappe - dappe	–	dappe - dappe,
x x x x		x x x x
r l r l		r l r l
(vorwärts)		(rückwärts)
c)		d)
hin – – und		her – – –
x x x x		x x x x
r l r l		r l r l
(vorwärts)		(rückwärts)
c)		d)
hin – – und		her. – – –
x x x x		x x x x
r l r l		r l r l
(vorwärts)		(rückwärts)

6 a) Beim ersten «dappe-dappe» vier kleine Tapperchen von der Oberschenkelmitte in Richtung Knie tappen, jeweils bei x.
b) Beim zweiten «dappe-dappe» die gleiche Bewegung im angegebenen Rhythmus rückwärts.
c) Für das «hin – – und» werden wieder vier kleine Tapperchen in Richtung Knie ausgeführt, die Finger bewegen sich taktmäßig genau. Die Sprache, wie links markiert, zum ersten und letzten Schritt hinzufügen.
d) Bei «her» wieder vier Tapperchen rückwärts gehen und nur den ersten Schritt sprachlich begleiten.

7 Ruschel-raschel-ruschel-raschel,

7 Die Raschelbewegung wie oben bei 2 beschrieben ausführen und jeweils das «sch» plastisch-dynamisch gestalten.

8 kreuz und quer – kreuz und quer.

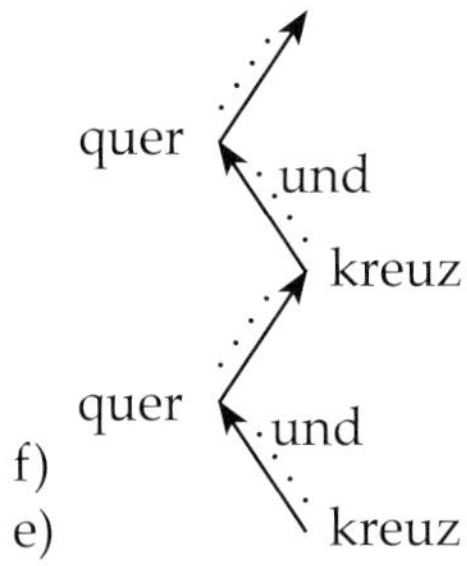

8 Mit den Zeigefingerkuppen in einem schnelleren Takt auf dem rechten Oberschenkel vom Körper in Richtung Knie in einer Zickzacklinie tappeln, jeweils vier Tapperchen in eine Richtung. Die ersten vier von rechts schräg nach links, dann weitere vier von links schräg nach rechts. Beide Richtungen wiederholen. Die Bewegung gleichmäßig ausführen und dazu sehr rhythmisch sprechen, wie links zu erkennen:
e) Erster und letzter Schritt mit Sprache.
f) Nur erster Schritt mit Sprache.

9 Ha! Ich seh ein Schnäuzchen blitzen

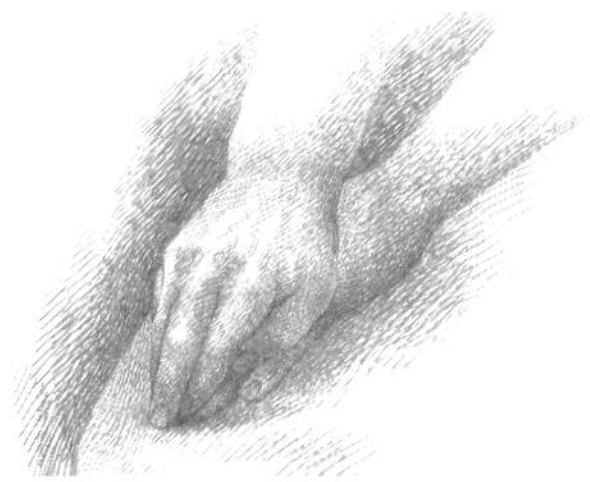

9 Die linke Hand mit der Handinnenfläche nach unten auf den rechten Oberschenkel legen. Die rechte Hand mit der Handinnenfläche auf den Handrücken der linken Hand deckungsgleich legen, dabei allerdings einen kleinen Hohlraum lassen. Die Fingerspitzen zeigen zum Betrachter. Die Daumen liegen jeweils in der Höhlung der Hand verborgen. Diese Gebärde ist das Igelschnäuzchen.

10 und auch viele Stachelspitzen!

10 Die Hände mit den Handgelenken auf die Oberschenkel legen und die Finger so ineinanderschieben, als wolle man sie zum Gebet falten, jedoch bleiben die Finger gestreckt, sodass sie als Stacheln stehen. Die Daumen kreuzen sich auch. In dieser Haltung alle Finger hauchzart bewegen.

11 Dappe-dappe-dappe-dappe,
hin und her – hin und her.
Ruschel-raschel-ruschel-raschel,
kreuz und quer – kreuz und quer.

11 Das Tappen des Igels und das Rascheln im Blätterhaufen wiederholen, wie oben von 6 bis 8 beschrieben.

12 Ich glaube, dass ihr es schon wisst,

12 Bei dem Wort «Ich» zeigt die Erzieherin mit der rechten Hand auf sich selbst, bei dem Wort «ihr» deutet sie auf die Kinder.

13 dass das ein kleiner Igel ist!

13 Bei dem Wörtchen «das» das Igelschnäuzchen zeigen (siehe bei 9), und bei dem Wort «Igel» noch mal die Stacheln zeigen (siehe bei 10).

14 Dappe-dappe-dappe-dappe,
hin und her – hin und her.
Ruschel-raschel-ruschel-raschel,
kreuz und quer – kreuz und quer.

14 Das Tappen des Igels und das Rascheln im Blätterhaufen wiederholen, wie oben von 6 bis 8 beschrieben.

15 Dappe-dappe-dappe-dappe …

15 Wieder im langsameren Tempo auf dem rechten Oberschenkel in Richtung zum Körper tappeln, das «dappe-dappe» so oft wiederholen, bis die beiden Zeigefinger über die rechte Hüfte laufen. Beim Sprechen immer leiser werden, bis man nichts mehr hört. Dem «Igel» eine Weile nachschauen, sich Zeit lassen.

16 Horcht! – –

16 Die rechte Hand ans rechte Ohr legen und zuerst mit leicht nach rechts hinten gedrehtem Kopf nachlauschen, sich dann leicht nach vorn beugen und in den imaginären Blätterhaufen hineinhorchen.

17 Er ist davongelaufen – – –

17 Sich aufrichten und mit der rechten Hand in die Richtung weisen, in der der Igel verschwunden ist.

18 Man hört nichts mehr im Blätterhaufen. –

18 Bei dem Wort «hört» horcht die Erzieherin noch einmal in den Blätterhaufen, richtet sich danach auf, breitet beim Wort «nichts» die Arme seitlich aus (s. Abb.) und zeigt dann wieder die Konturen des Blätterhaufens, während sie das Wort «Blätterhaufen» ausspricht. Das Spiel in Ruhe ausklingen lassen.

Tappel-tappel – wau-wau-wau!

Rhythmisch-musikalisches Erzählchen mit Handgesten

Das Hündlein schlau:
«Wau-wau – wauwau-wau!»
Das tappelt – tappelt – tappelt – tappelt
hin – und her – hin – und her.
Läuft – läuft – läuft – läuft:
«Wau-wau – wauwau-wau!»
Springt ums Eck – und? – ist weg!

Text	Bewegungen
1 Das Hündlein schlau: 	1 Die rechte Hand bildet die Hundeschnauze: Zeige-, Mittel-, Ring- und kleiner Finger liegen gestreckt eng aneinander. Der Daumen liegt als «Unterkiefer» mit dem oberen Fingerglied auf dem mittleren Fingerglied des Mittelfingers (siehe Abbildung).
2 «Wau – wau – wauwau – wau!» ∠ ∠ ∠ ∠ ∠	2 Das Hundemaul wird jeweils bei «wau» im angegebenen Rhythmus weit geöffnet. Die gestreckten und eng aneinanderliegenden Finger bleiben gestreckt und geschlossen, spreizen sich aber so weit wie möglich vom Daumen ab. Die Fingerspitzen sind zum Betrachter gerichtet. Die Erzieherin muss unbedingt aufpassen, dass beim «Bellen» der rechte Arm unbewegt bleibt, weil sonst die Gefahr groß ist, dass aus dem bellenden Hündchen ein schnappender Hund wird.

3 Das tappelt – tappelt – tappelt – tappelt ○ ○ ○ ○ ○ ○ ○ ○	3 Den rechten Zeige- und den rechten Mittelfinger als «Pfötchen» mit den Fingerkuppen auf dem Oberschenkel federnd tappeln lassen. Die beiden anderen Finger einrollen und den Daumen noch darüberlegen. Das Tappeln beginnt nah beim Körper und geht im angegebenen Sprachrhythmus «○» bis etwa zur Mitte des Schenkels.
4 hin und ○ ○ ○ ○ (rechte Hand) ← her – – ○ ○ ○ ○ (linke Hand) → hin und ○ ○ ○ ○ (rechte Hand) ← her. – – ○ ○ ○ ○ (linke Hand) →	4 Von der Mitte des Oberschenkels wendet sich das «Hündchen» nach links und macht jeweils zwei Tapperchen auf die Worte «hin und …» hinüber zum linken Oberschenkel. Sofort löst die linke Hand die rechte ab und tappelt den gleichen Weg zurück zum rechten Oberschenkel, wieder mit vier Tapperchen auf das Wort «her –». Den Ablauf einmal exakt wiederholen. (Es werden auf jedem Bein jeweils 2 Tapperchen ausgeführt.)
5 läuft – läuft – läuft – läuft: ○ ○ ○ ○ ○ ○ ○ ○	5 Die rechte Hand löst die Linke wieder ab und tappelt mit etwas größeren Laufschritten auf dem rechten Oberschenkel in Richtung rechte Hüfte. (Das Tappeln geschieht jetzt rückwärts, das heißt, die Hand bleibt mit den Fingern zum Betrachter gewendet.)
6 «Wau – wau – wauwau – wau!» ∠ ∠ ∠ ∠ ∠	6 Nahe der rechten Hüfte bildet die rechte Hand wieder eine Hundeschnauze, wie oben bei 1 beschrieben, und «bellt» im angegebenen Rhythmus.
7 Springt ums Eck –	7 Die rechte Hand bei dem Wort «springt» im Bogen hinter dem Rücken verschwinden lassen. Danach eine kleine Zäsur einhalten.

8 und? –

8 Der Erwachsene spricht das «und» fragend aus und blickt dabei zur rechten Hüfte. Dann schaut er wieder zu den Kindern, hält noch eine kurze Spannungspause ein und sagt dann:

9 ist weg!

9 Der Erwachsene richtet sich ganz auf, um das «ist weg!» auszusprechen. Er schaut die Kinder mit freudigem Gesicht an und nickt den Kindern einmal zu. Bevor die rechte Hand hinter dem Rücken hervor geholt wird, geraume Zeit verstreichen lassen.

Hinweis:
Dieses Spiel ist für die Übergangszeit ideal, wenn Spiele, in denen beide Hände die gleiche Bewegung gemacht haben, abgelöst werden sollen von solchen, in denen eine Hand allein agiert. Das Spiel vom Hündchen kann mit der linken Hand wiederholt werden. Dann ist ein fließender Wechsel vom Zweihandspiel zum Einhandspiel geschaffen. Abschließen sollte man das Spiel aber immer mit der rechten Hand, das fördert die Ausbildung der rechtsseitigen Dominanz.

Das «Tappel-tappel – wau-wau-wau» ist eine gute Vorbereitung für das lange Spiel vom «Hündchen Schlau».

Das Bienchen

Rhythmisch-musikalisches Erzählchen mit Handgesten

Aus dem Bienenhaus: ssss – ssss – ssss
kommt ein Bienchen heraus:

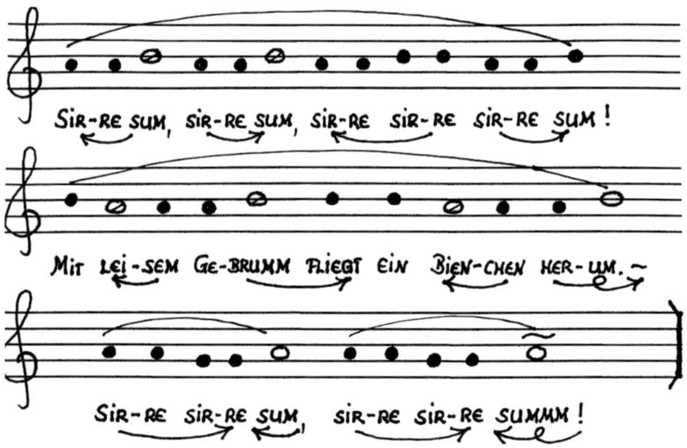

Das Bienchen fliegt zum Blümelein.
Sssssssst!
Steckt den Rüssel tief hinein,
hfffffff – saugt –
hfffffff – saugt –
den Nektar ein.

Das Bienchen fliegt zum Bienenhaus,
schlüpft hinein und ruht sich aus:
ssss – ssss – ssss!

Text

Bewegungen

1 Aus dem Bienenhaus: sssss – sssss – sssss

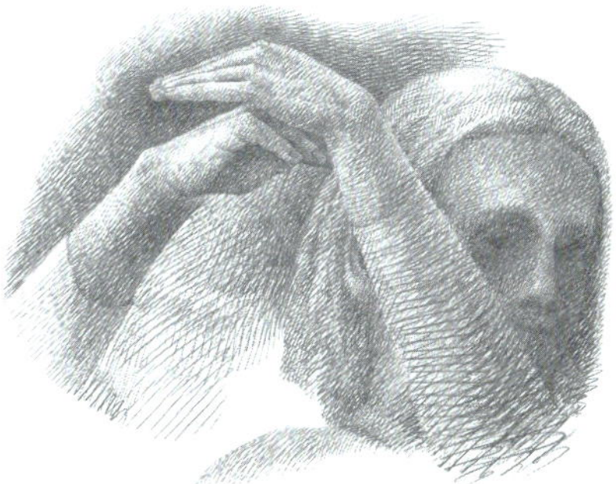

1 Für das Bienenhaus hebt die Erzieherin die Unterarme, indem sie die Ellenbogen stark abwinkelt. Dann legt sie ihre linke Hand mit der Innenfläche auf den Handrücken der rechten Hand (s. Abb.). Die Hände sind etwa auf Kinnhöhe (deutlich tiefer, als auf der Abbildung dargestellt). Wenn das stimmhaft gesprochene «sssss» ertönt, neigt die Erzieherin ihr rechtes Ohr zum «Bienenhaus» hin, um zu lauschen.

2 kommt ein Bienchen heraus:

2 Die rechte Hand wird jetzt das Bienchen. Der linke Arm verweilt in der Stellung vom Bienenhaus. Das Bienchen ist die rechte Zeigefingerkuppe. Der Zeigefinger wird aus der lockeren Faust herausgestreckt. Das Bienchen fliegt im Bogen aus seinem Haus heraus. Dann beginnt die Erzieherin nebenstehende Melodie zu singen.

3 Noten siehe Seite 70 oben

3 Während des Singens schaukelt das «Bienchen», wie unter dem Liedtext durch Bewegungspfeile erkennbar, durch die Luft. Die Bewegungen sind eher ruhig. Beim letzten Ton vollzieht das «Bienchen» die angegebene Schleifenbewegung. Gleichzeitig bildet die linke Hand eine Blüte.

4 Das Bienchen fliegt zum Blümelein. Ssssssst.

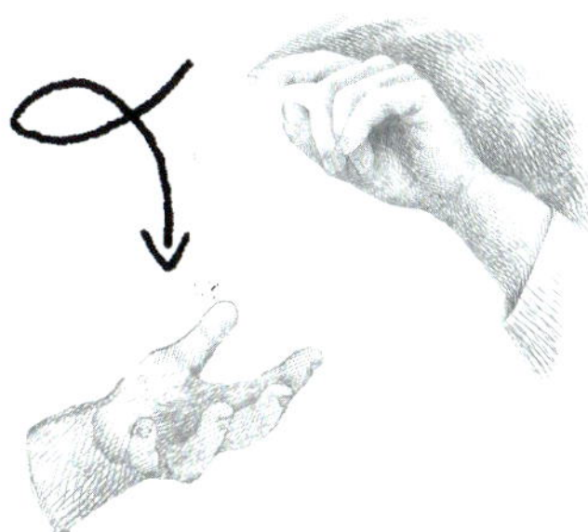

4 Das «Bienchen» fliegt zunächst in einem Bogen nach rechts und nähert sich dann mit der links angegebenen Schleife der «Blüte». Für den Rest des Weges spricht die Erzieherin ein stimmhaftes «ssssssst». Exakt mit dem «t» setzt sich das «Bienchen» auf die Blüte: Den eingerollten Daumen der rechten Hand auf den Kleinfingerballen der linken aufsetzen.

5 Steckt den Rüssel tief hinein,

5 Den rechten, aus der Faust gestreckten Zeigefinger jetzt als «Rüssel» in die Mitte der Blume herabsenken.

6 hfffffff – saugt –
hfffffff – saugt –
den Nektar ein.

6 Für das « hfffffff» die Lippen so formen, als ob man ein «ö» sprechen wollte. Durch die so geformten Lippen die Luft zart einziehen. Solange das «hfffffff» klingt, zieht die Erzieherin den «Rüssel» sachte und langsam aus der Blütenmitte heraus. Damit wird das Einsaugen des Nektars gezeigt. Den Rüssel wieder absenken und erneut bei «hfffffff» und «den Nektar ein» die Saugbewegung ausführen.

7 Noten siehe Seite 70 unten

7 Mit Beginn des Liedes fliegt das «Bienchen», wie mit den Pfeilen gekennzeichnet, von der Blüte weg. Jetzt wird während des Singens die Blütengeste aufgelöst und dafür die linke Hälfte des Bienenhauses gebildet (siehe oben bei 1).

8 Das Bienchen fliegt zum Bienenhaus,

8 Die «Biene» schaukelt noch einmal nach rechts, um dann mit der angegebenen Schleifenbewegung auf das Bienenhaus zuzufliegen.

9 schlüpft hinein und ruht sich aus:
sssss - sssss - sssss!

9 Das «Bienchen» (der rechte Zeigefinger) schlüpft bei dem Wort «hinein» unter die gewölbte linke Hand. Dann die Bienengeste auflösen, dafür das Bienenhaus mit dem rechten Arm ergänzen. Danach den Kopf mit dem rechten Ohr dem Bienenhaus zuwenden und auf das Summen im «Bienenstock» horchen.

In der Früh' – Aufwachen

Rhythmisch-musikalisches Erzählchen mit Handgesten

Dieses Spiel ist als Reihung komponiert: Jeweils gleich lange Strophen werden aneinandergereiht. Jede Strophe handelt von einem Wesen, das am Morgen erwacht. Diese Kompositionsweise ermöglicht eine sehr einfache Kürzung, indem man Strophen auslässt. Es werden hier alle Strophen angeführt, sodass es jedem Menschen freigestellt ist, welche Zusammenstellung er wählt. Je nach Auswahl muss im Wortlaut eine kleine Änderung vorgenommen werden. Das wird markiert durch ein in Klammern gesetztes Ersatzwort hinter dem Original-Wortlaut.

Egal, welche Strophen ausgewählt werden – als Spielabschluss muss immer die Strophe mit dem «erwachenden Kind» angehängt sein.

Die hier folgende Fassung ist die kürzestmögliche, die sich schon für die jungen Krippenkinder eignet. Nach Belieben können dann weitere Strophen eingefügt werden.

Kürzeste Fassung:

In der Früh', in der Früh'
ruft der Hahn: «Kikerikiii!»
«Kikeriki! Wacht auf! Wacht auf!
Die Sonn' am Himmel kommt herauf!»

Zuerst erwacht: «Piep-piiiep! – Piep-piiiep!»
Das Vöglein lieb. «Piep-piiiep!»

Zuletzt (oder: Und dann) ist auch mein Kind erwacht –
ei – ja-jaaa!
und lacht – und lacht – und lacht.

Text	Bewegungen
1 In der Früh', in der Früh'	1 Die Erzieherin wendet sich freudig den Kindern zu. Die Sprachmelodie abwechslungsreich gestalten. Jeweils bei dem Wort «Früh'», nickt die Erzieherin einmal mit dem Kopf.

2 ruft der Hahn: «Kikerikiii!»
< <
«Kikeriki! Wacht auf! Wacht auf!
< < < <

2 Die dominante Hand ist der Hahn: Der gestreckte Zeigefinger liegt auf dem gestreckten Daumen, beide Finger bilden den Schnabel. Die anderen Finger sind so stark wie möglich gestreckt und gespreizt, sie stehen als Hahnenkamm senkrecht nach oben. Der Hahn ruft melodisch gestaltet das «Kikerikiii!», dazu öffnet sich sein Schnabel jeweils bei «<».

3 Die Sonn' am Himmel kommt herauf!»

3 Die lockeren Fäuste liegen mit den Fingern auf den Oberschenkeln nah bei den Knien. Die Daumen berühren sich. Die Arme sind dabei so rund gehalten, als würden sie einen sehr großen Ball umfassen. Dieses «Sonnenrund» wird nun langsam nach oben geführt, und etwa ab Brusthöhe beginnt man die Finger auszurollen, die man, je weiter die Arme nach oben geführt werden, immer mehr streckt und spreizt. Die Daumen bleiben an den Kuppen stets miteinander in Berürhrung.

4 Zuerst erwacht: «Piep-piiiep! – Piep-piiiep!»
< < < <
Das Vöglein lieb. «Piep-piiiep!»
< < < <

4 Die dominante Hand wird zum Vögelein: Daumen und Zeigefinger liegen gestreckt aufeinander, die anderen Finger sind locker eingerollt. Jeweils bei «<» den Schnabel nur wenig öffnen, bei «<» weit öffnen. Das Piep mit zarter Stimme rufen, das zweite «Piiiep» etwas gedehnter sprechen.

5 Zuletzt (oder: Und dann) ist auch mein Kind erwacht –

5 Die Erzieherin reibt sich die geschlossenen Augen. Bei dem Wort «erwacht» die Hände von den Augen nehmen und die Kinder heiter anschauen.

6 ei – ja-jaaa!
und lacht – und lacht – und lacht.

6 Bei «ei – ja-jaaa!» richtet sich die Erzieherin im Oberkörper auf, erhebt ihre Hände seitlich auf Kopfhöhe und dreht sie bei «und lacht ...» lebhaft aus und ein.

Die Strophe vom Hund:

Dann: «Wau-wau-wau!»
Das Hündchen schlau.
«Wau-wau! – Wau-wau! – Wau-wau!»

1 Dann: «Wau-wau-wau!»
< < <
Das Hündchen schlau.
< <
«Wau-wau! – Wau-wau! – Wau-wau!»
< < < < < <

1 Alle Finger der dominanten Hand sind gestreckt. Der Daumen liegt unten am Mittelfinger. Die Fingerspitzen sind zum Betrachter gerichtet. Das «Hündchen» bellt fröhlich; nicht naturalistisch, sondern musikalisch. Bei «<» ist das Hundemaul nur wenig geöffnet, bei «<» ist es so weit als möglich offen. Die Lautstärke des «Bellens» muss der Öffnung des Hundemauls angepasst sein.

Die Strophe vom Esel:

Es schreit (oder: Dann schreit) «I-A!» der Esel grau.
«I-A! – I-A! – I-A!»

1 Es schreit (oder: Dann schreit)» «I-A!» der Esel grau.
«I-A! – I-A! – I-A!»

1 Beide Hände als Eselsohren mit den Daumenballen an die Stirnhöcker anlegen. Die Finger sind gestreckt und seitlich eng geschlossen. Die Handinnenflächen zeigen zum Betrachter. Beim Eselsruf den Körper mit dem «I» etwas nach oben strecken, beim «A» wieder lösen. Den «Eselruf» im Tonabstand einer Quinte ausführen.

Die Strophe der Rinder:

Es rufen: (oder: Dann rufen) «Muuuh-muuuh!»
der Ochse und die Kuh.
«Muuuh-muuuh!»

1 Es rufen: «Muuuh-muuuh!»
⊂ ⊂
der Ochse und die Kuh.
⊂ ⊂
«Muuuh! – Muuuh!»
⊂ ⊂

1 Beide Hände zu lockeren Fäusten ballen, die linke Faust mit dem Handrücken zum Boden gerichtet halten und die rechte Faust mit dem Handrücken nach oben auf die linke legen.
Bei «Muuuh!» bleiben die Handgelenke aufeinander liegen. Die eingerollten Finger bewegen sich so weit als möglich voneinander weg. Das Maul ist also weit offen! Das Öffnen und Schließen des Maules langsam ausführen.

Die Strophe des Böckleins:

Und: «Meck – meck – meck!»
Das Böcklein keck.
«Meck-meck! – Meck-meck! – Meck-meck!»

1 Und: «Meck – meck – meck!»
x
das Böcklein keck.
x
«Meck-meck! – Meck-meck! Meck-meck!»
x x x

1 Bei dem Ruf «Meck-meck-meck» die Hände als Hörner auf die Stirnhöcker legen (s. Abb.). Den «Meck-Ruf» musikalisch gestalten. Den Text sehr rhythmisch sprechen und jeweils bei «x» leicht nicken.
Für die drei letzten «Meck-Rufe» erst nach links, dann zur Mitte und zuletzt nach rechts nicken.

Die Strophe der Blumen:

Im hellen, warmen Sonnenschein
öffnen sich stumm die Blümelein.

1 Im hellen, warmen Sonnenschein

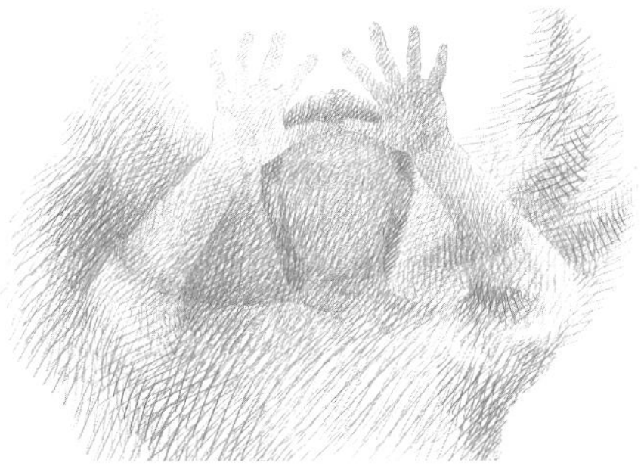

1 Die Sonnengeste dieses Mal gleich etwa auf Stirnhöhe bilden (siehe Abbildung). Unbedingt darauf achten, dass sich die Daumen berühren und die Arme einen schönen Kreis zeigen.

2 öffnen sich stumm die Blümelein.

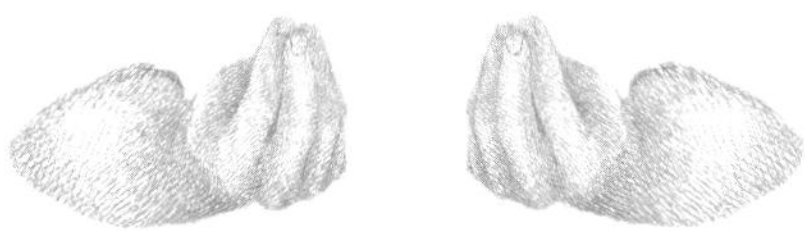

2 Die Sonnengeste auflösen, und ohne zu sprechen bilden beide Hände jeweils eine Knospe: Alle Fingerkuppe so eng wie möglich aneinanderlegen (siehe Abbildung). Immer noch, ohne zu sprechen, die Finger sehr langsam voneinander lösen, die Blüten öffnen sich. Wenn die Blüten etwa halb offen sind, beginnt die Erzieherin nebenstehenden Text bis zum Wort «stumm» zu sprechen. Erst wenn die Blüten ganz erblüht sind, sagt sie mit einem Nicken: «die Blümelein».

Der ungekürzte Wortlaut:

In der Früh', in der Früh'
ruft der Hahn: «Kikerikiii!»
«Kikeriki! Wacht auf! Wacht auf!
Die Sonn' am Himmel kommt herauf!»

Zuerst erwacht: «Piep-piiiep! – Piep-piiiep!»
Das Vöglein lieb. «Piep-piiiep!»

Dann: «Wau-wau-wau!»
Das Hündchen schlau.
«Wau-wau! – Wau-wau! – Wau-wau!»

Es schreit «I-A!» der Esel grau.
«I-A! – I-A! – I-A!»

Es rufen «Muuuh-muuuh!»
der Ochse und die Kuh.
«Muuuh-muuuh!»

Und: «Meck-meck-meck!»
Das Böcklein keck.
«Meck-meck! – Meck-meck! – Meck-meck!»

Im hellen, warmen Sonnenschein
öffnen sich stumm die Blümelein.

Zuletzt ist auch mein Kind erwacht –
ei – ja-jaaa!
und lacht – und lacht – und lacht.

(Für die Kürzungsvorschläge verantwortlich: Ingrid Weidenfeld)

Die Sonne steigt

Erzählchen mit Handgesten

Die Sonne kommt und steigt und steigt –
ihren Strahlenkranz uns zeigt!

Scheint hernieder auf die Erde,*
dass es Tag heut' wieder werde.*

Nimmt die ganze Erde warm
in ihren Sonnenmutter-Arm
und auch dich und mich. –
Sooo warm! Sooo warm!

Text	Bewegungen
1 Die Sonne kommt und steigt und steigt –	1 Die lockeren Fäuste liegen mit den Fingern auf den Oberschenkeln nah bei den Knien. Die Daumen berühren sich. Die Arme sind dabei so rund gehalten, als würden sie einen sehr großen Ball umfassen. Dieses «Sonnenrund» wird nun langsam nach oben geführt, und etwa ab Brusthöhe beginnt man, die Finger auszurollen, die man, je weiter die Arme nach oben geführt werden, immer mehr streckt und spreizt. Die Daumen bleiben an den Kuppen stets miteinander in Berührung.
2 ihren Strahlenkranz uns zeigt!	2 Bei «Strahlenkranz» die gespreizten Hände noch ein wenig mehr nach rechts und links auseinanderbiegen, die Daumen bleiben in Berührung. Die «Sonne» scheinen lassen.

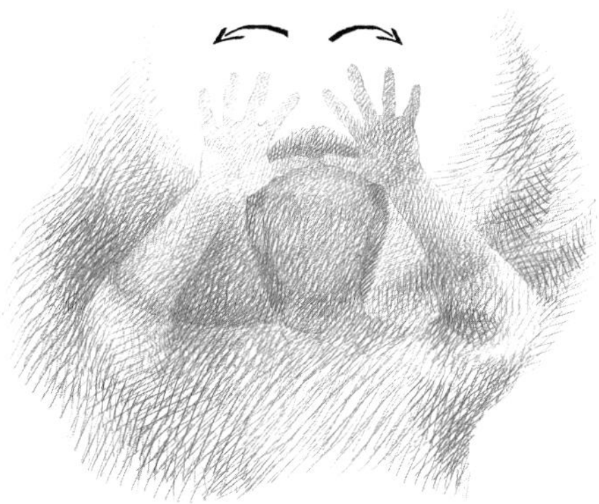

3 Scheint hernieder auf die Erde,*

3 Die «Sonnen-Hände» etwas schräg nach vorn herunterneigen. Die «Sonne» scheint auf die Erde:

4 dass es Tag heut' wieder werde.*

4 Die Hände wieder zurücknehmen an den alten Platz (Stirnhöhe).

5 Nimmt die ganze Erde warm

5 Die Sonnen-Handgeste auflösen und die Hände im großen Bogen über oben im Halbkreis herunterführen, bis die Arme ganz ausgebreitet sind. Handinnenflächen nach vorn. Die Geste für Kinder unter drei Jahren auf Kopfhöhe beginnen.

6 in ihren Sonnenmutter-Arm

6 Die Arme im Bogen über vorn so weit zusammenführen (etwa in Brusthöhe), dass die Hände sich übereinanderschieben (Innenflächen zum Körper), ohne sich zu berühren.

7 und auch dich und mich. –

7 Bei «dich» mit den Händen auf den Partner deuten (Innenfläche nach oben). Bei «mich» auf sich selbst deuten, die Fingerkuppen berühren den Körper.

8 Sooo warm!

8 Die Mutter oder die Erzieherin streicht dem Kind zart über die Wangen. Wird dieses Spiel ohne Mütter in einer Kindergruppe gespielt, streicht sich die Erzieherin selbst leicht und behutsam über die Wangen. Die Kinder ahmen das nach.

9 Sooo warm!

9 Die Mutter oder die Erzieherin umarmt das Kind behutsam. Wird das Spiel in einer größeren Kindergruppe ohne Mütter gespielt, streichelt und umarmt sich jeder selbst.

Sonnenlied

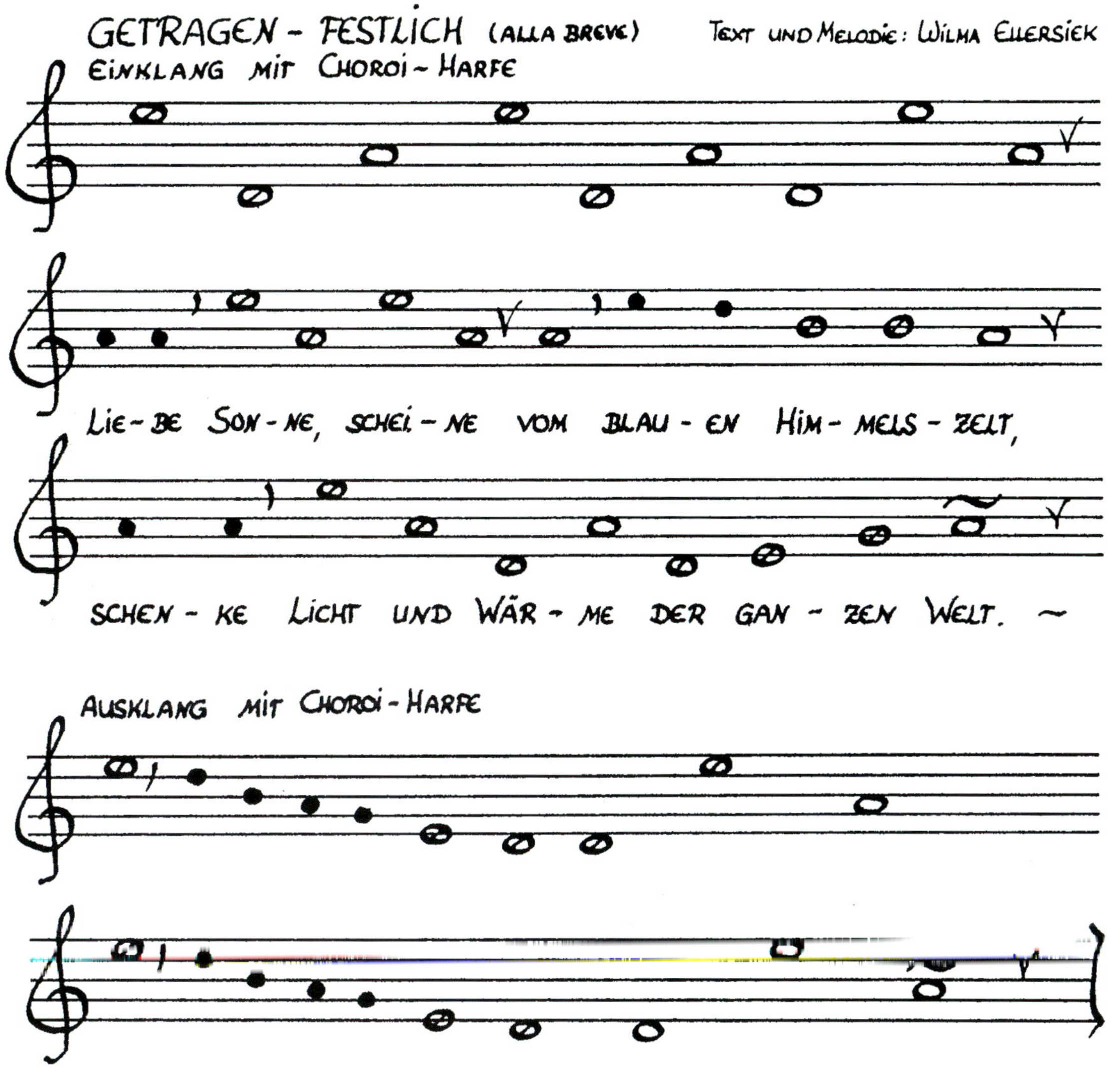

Ein- und Ausklang können auch nur auf «la-la» gesungen werden. Es wird frei der Sprache folgend gesungen, nicht streng takt- und notenwertgebunden.

Wächst das Blümelein

Rhythmisch-musikalisches Erzählchen mit Handgesten

Die Frühlingssonne, sie kommt wieder.
Strahlt auf die Erdenwelt hernieder.
Frühlingsregen fällt herab:
Dobbe – dobbe – dobbe – dab,
dobbe – dobbe – dobbe – dab!
Dobbe – dobbe – dob – dob – dab!
Keimt das Blümelein, sprießt hervor,
wächst – wächst – wächst empor.
Öffnet sich im Sonnenschein:
Blühet – blüht das Blümelein.
Su – su, Frühlingswind, su – su,
wiegt es lind, su – su – suu. –
Am Abend geht's zur Ruh –
macht seine Blüte – zu.

Dieses Spiel kann auch mit beiden Händen gemacht werden. Das bietet sich vor allem für Kinder unter viereinhalb Jahren an. Der Text wird dann in der Mehrzahl gesprochen.

Text	Bewegungen
1 Die Frühlingssonne, sie kommt wieder.	1 Die lockeren Fäuste liegen mit den Fingern auf den Oberschenkeln nah bei den Knien. Die Daumen berühren sich. Die Arme sind dabei so rund gehalten, als würden sie einen sehr großen Ball umfassen. Dieses «Sonnenrund» wird nun langsam nach oben geführt, und etwa ab Brusthöhe beginnt man, die Finger auszurollen, die man, je weiter die Arme nach oben geführt werden, immer mehr streckt und spreizt. Die Daumen bleiben an den Kuppen stets miteinander in Berührung. Erste Zeile gedehnt sprechen.
2 Strahlt auf die Erdenwelt hernieder.	2 Über die ganze Textzeile ausgedehnt, die «Sonnen-Hände» leicht schräg nach vorn bewegen, die Sonne strahlt auf die Erdenwelt. – Kurz innehalten, dann die «Sonne» noch ein kleines Stück weiter schräg nach vorne bewegen.

3 Frühlingsregen fällt herab:

3 Zuerst beide Hände stumm nach oben nehmen und mit Beginn des Sprechens der dritten Zeile die Hände senkrecht herunterführen, mit sich lebhaft bewegenden Fingern als Regentropfen, bis auf die Oberschenkel oder eine andere Unterlage.

4 stumm:

4 Ohne zu sprechen, mit den Fingerkuppen durchgehend auf die Unterlage trommeln. Dann mit Sprechen beginnen und weitertrommeln:

5 Dobbe – dobbe – dobbe – dab,
dobbe – dobbe – dobbe – dab!

5 Weitertrommeln und die Klangsilben dazu sprechen.

6 Dobbe – dobbe – dob – dob – dab!
(verlangsamen) *r* *l* *r*

6 Im Weitertrommeln langsamer werden. Bei den einsilbigen Lauten wird nur noch mit dem Zeigefinger aufgetupft, erst mit dem rechten, dann mit dem linken und abschließend noch mal mit dem rechten Zeigefinger.

7 Keimt das Blümelein,

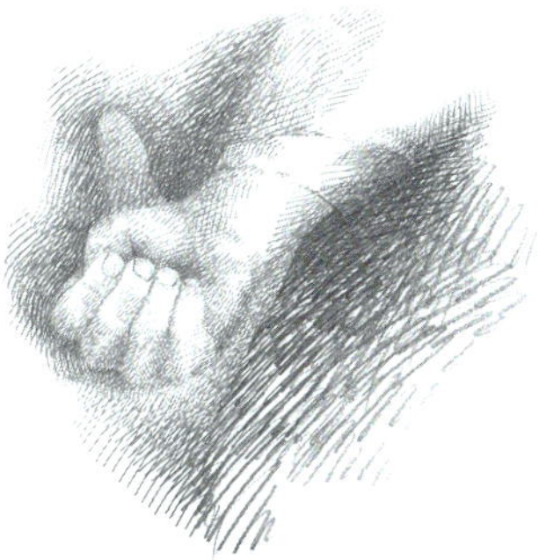

7 Ohne zu sprechen, beide Hände zur Faust machen, die Finger umschließen die Daumen. Die Fäuste – mit den eingerollten Fingern nach oben – seitlich außen neben den Knien halten. Jetzt nebenstehenden Text sprechen. Bei «keimt» die Daumen sehr langsam aus den Fingern herausziehen und nach oben stellen.

8 sprießt hervor,

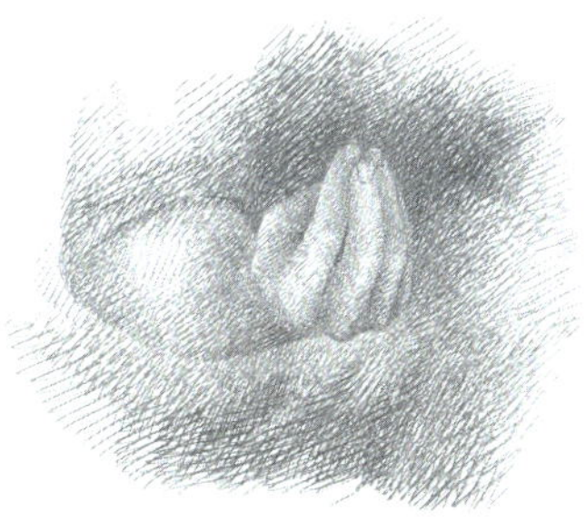

8 Die eingerollten Finger mit den Fingerkuppen an den senkrechten Daumen nach oben schieben, bis sich alle Kuppen berühren. Jede Hand bildet eine «Knospe» (Trieb). Da das Wachstum der Pflanzen so langsam vor sich geht, dass es vom menschlichen Auge nicht wahrgenommen wird, müssen alle Wachstumsbewegungen sehr langsam ausgeführt werden.

9 wächst – wächst – wächst empor.	9 Die «Knospen» langsam nach oben führen. Etwa auf Brusthöhe anhalten.
10 Öffnet sich im Sonnenschein: 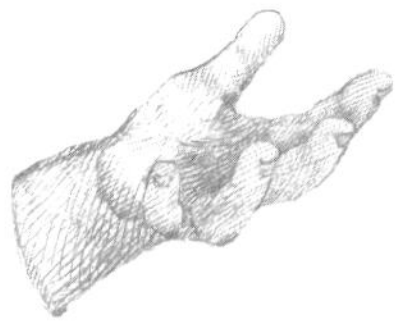	10 Die Finger beider Hände langsam öffnen, die Hände bilden mit leicht gebogenen Fingern jeweils eine waagerechte Blüte.
11 Blühet – blüht das Blümelein.	11 Die «Blütenhände» eine Weile so halten.
12 Su – su, Frühlingswind, su – su, ← → ← → ← → wiegt es lind, su – su – suu. – ← → ← → ←	12 Die «Blüten» im Rhythmus wiegen.
13 Am Abend geht's zur Ruh –	13 Die Finger beider Hände langsam in die «Knospengeste» zurückführen.
14 macht seine Blüte – zu.	14 Die Bewegung wird sehr langsam und kontinuierlich ausgeführt, bis sich bei «zu» alle Fingerkuppen berühren. Der Text wird dazu mit Pausen und fast singend gesprochen.

Schneeglöckchen*

Rhythmisch-musikalisches Erzählchen (gekürzt)

Wenn ich in meinen Garten geh,
seh ich dort Blümlein, weiß wie Schnee.
Schneeglöckchen, Schneeglöckchen, die zarten
blühen – blühen in meinem Garten.

Sie rufen: «Ting-ting-ting-ting-ta –
der Frühling kommt, er ist schon da!»
Am Abend gehen sie zur Ruh,
Schließen ihre Blüten zu.

Text	Bewegungen
1 Wenn ich in meinen Garten geh',	1 Mit den Handflächen auf den Schenkeln von der Hüfte in Richtung Knie «Schritte» ausführen, jeweils bei –
2 seh' ich dort Blümlein, weiß wie Schnee,	2 Die Arme langsam seitlich ausbreiten, Handinnenflächen nach oben, die Fingern zum Boden gerichtet, wie: «schau – überall blühen Schneeglöckchen.»
3 Schneeglöckchen, Schneeglöckchen, die zarten blühen – blühen in meinem Garten.	3 Die Erzieherin sitzt mit locker hängenden Oberarmen, die Unterarme winkelt sie an, sodass sie wie der Blütenstängel des Schneeglöckchens «stehen». Die Hände hängen locker herunter mit ganz leicht abgespreizten Fingern.

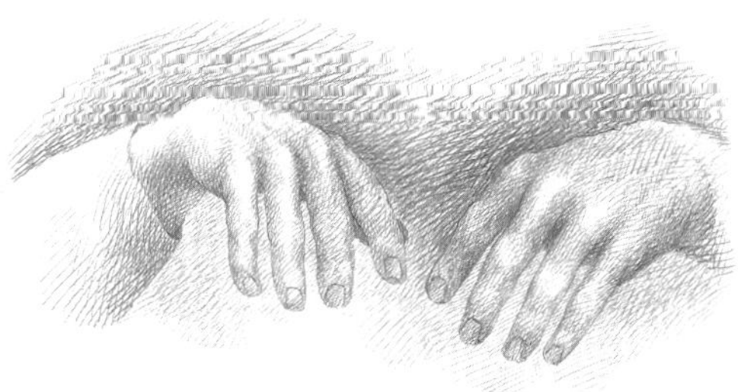

4 Sie rufen: «Ting – ting – ting – ting – ta – ↓ ↑ ↓ ↑ ↓↑	4 Die «Schneeglöckchen» aus dem Handgelenk leicht vor- und zurückbewegen, wie eine leicht schwingende Glocke.
5 der Frühling kommt, er ist schon nah x x x x (oder da)!»	5 Jeweils bei «x» luftig-leicht mit einem kleinen Kreis über oben in die Hände klatschen – möglichst geräuschlos. Aus den Worten «da» und «nah» das Passende auswählen.
6 Am Abend gehen sie zur Ruh,	6 Nach dem Klatschen wieder die Schneeglöckchengeste bilden und die geöffneten Schneeglöckchen still halten.
7 und schließen ihre Blüten zu.	7 Die Finger der «Schneeglöckchen» locker zusammenführen.

* Im Original ist dieses Spiel ein dreistrophiges Lied. Die Noten siehe im Band *Handgestenspiele, Reigen und Lieder – Frühjahr / Sommer* von Wilma Ellersiek. Für das Krippenalter angepasst und für die Kürzung verantwortlich: Ingrid Weidenfeld.

Schneeglöckchen läutet den Frühling ein

Klang-Wort-Spiel mit klangerzeugendem Spielgerät «Glöckchen am Ring» (gekürzt)

Ting – ting – ting – ting – tein –
Ting – ting – ting – ting – tein –
Schneeglöckchen läutet den
Frühling – Frühling ein:
Tingelingelingelingeling:
Frühling!
Tingelingelingelingeling:
Frühling!
Tingelingelingelingeling:
Frühling!

Dann schweigt das Glöckchen still,
weil es schlafen will.

Text

1 Ting – ting – ting – ting – tein – V
▲ ▲ ▲ ▲ ▲
Ting – ting – ting – ting – tein – V
▲ ▲ ▲ ▲ ▲
Schneeglöckchen läutet den
▲ ▲ ▲ ▲
Frühling – Frühling ein:
▲ ▲ ▲ ▲ ▲

2 Tingelingelingelingeling:
~~~~~~~~~~~~~~~~~~

3 Frühling!

Anweisungen zum Glöckchen

1 Den Ring, an dem das Glöckchen hängt, mit der dominanten Hand halten und jeweils bei «X» anschwingen oder mit dem Zeigefinger der anderen Hand antupfen. «V» ist eine Pause in der Länge der Silbe «Ting». Nach «Frühling ein» eine kleine Zäsur einhalten.

2 Hier wird das Glöckchen anstelle des Silbenworts «Tingelinge ...» durchgehend lebhaft geläutet, also das Wort wird nicht gesprochen.

3 Ohne die Begleitung des Glöckchens das Wort «Frühling» heiter und gedehnt rufen.
~~~~~~~~~~~~~~~~~~

4 Tingelingelingelingeling:
Frühling!
Tingelingelingelingeling:
Frühling!

4 Punkt 2 und 3 zweimal wiederholen. Beim letzten Mal die Stimme in der Schwebe lassen.

5 Dann schweigt das Glöckchen still,
weil es schlafen will.

5 Das am Ring gehaltene Glöckchen mit der nichtdominanten Hand umfassen und an das Brustbein legen. Den Text sehr ruhig sprechen, ausklingen lassen.

Will man das Spiel wiederholen, heißt der Text bei Punkt 5:

6 Dann schweigt das Glöckchen still,
weil es ein Weilchen ruhen will.

6 Handhabung wie bei 5.

7 Und wieder klingt es:
Ting – ting – ting – ting – tein –

7 Text und Anleitung von 1 bis 4 wiederholen und mit Punkt 5 abschließen.

(Für die Kürzung verantwortlich: Ingrid Weidenfeld)

Geburtstagslied (Quintruf)

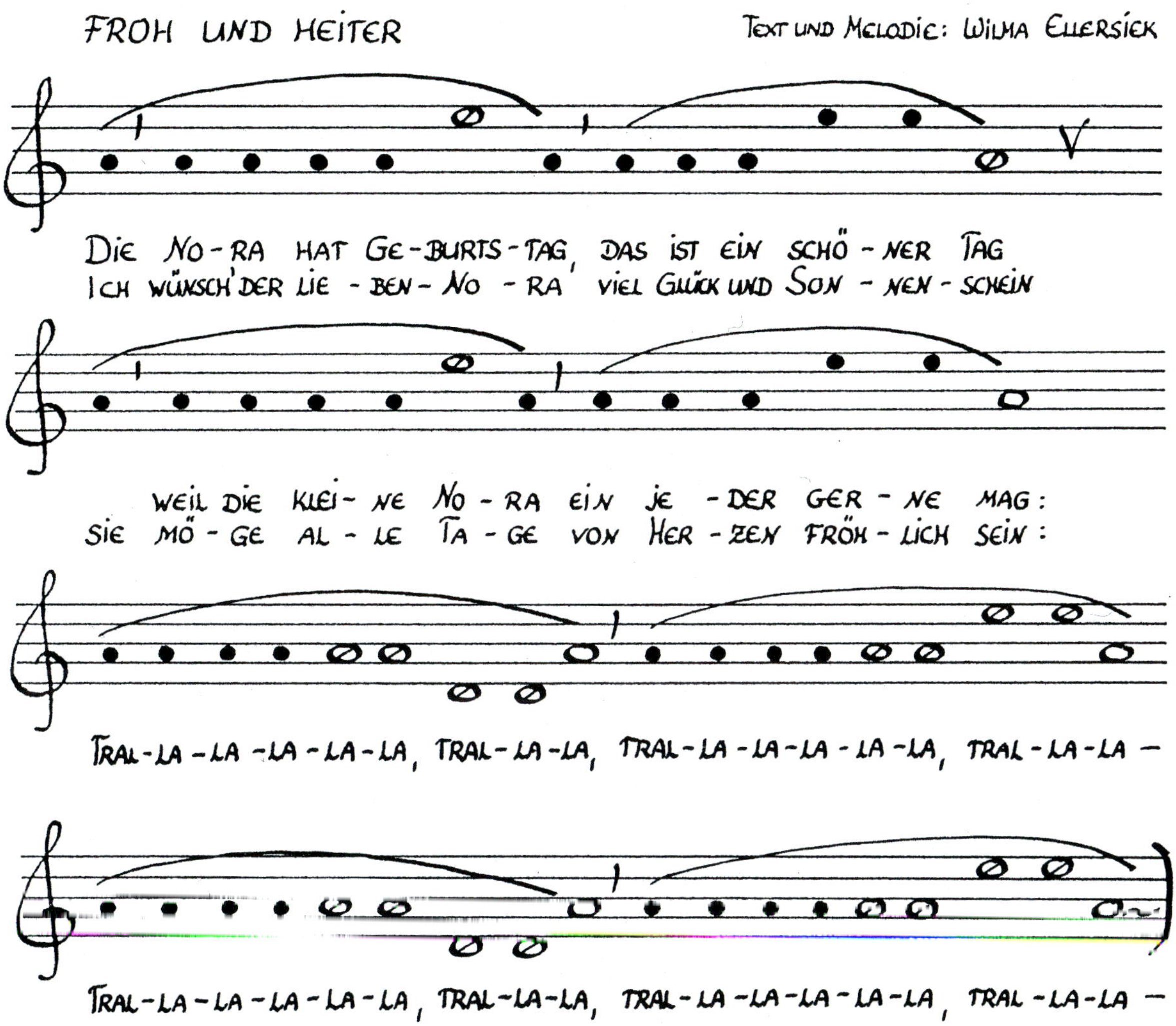

Im Sonnenschein

Handgestenspiel

I. Die Blümelein

Die Sonne kommt herauf –
und strahlt vom Himmelszelt
herab auf unsre Welt.
Sie kommt auch zu den Blümelein –
die öffnen sich im Sonnenschein
und blüüühen – und blüüühen!
Geht die liebe Sonne am Abend zur Ruh',
machen die Blumen ihre Blüten – – – zu!

Text	Bewegungen
1 Die Sonne kommt herauf –	1 Die Erzieherin legt ihre zu lockeren Fäusten eingerollten Hände nahe bei den Knien auf, die Daumen berühren sich dabei. Die Arme hält sie so, als würde sie einen ganz großen Ball umfassen. Nun führt sie die Arme und Fäuste als aufgehende Sonne langsam nach oben. Ab Brusthöhe öffnen sich die Finger, strecken und spreizen sich zu «Sonnenstrahlen». Die Daumen bleiben an den Kuppen stets miteinander in Berührung.
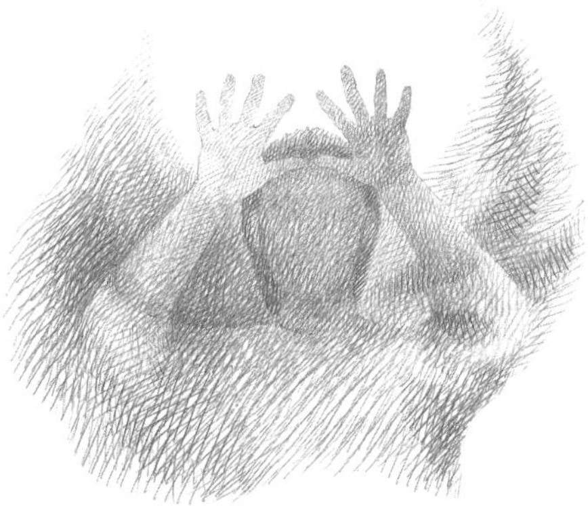	
2 und strahlt vom Himmelszelt	2 Die Sonnengeste knapp über Kopfhöhe beibehalten, die Finger maximal spreizen.
3 herab auf unsre Welt.	3 Die Hände und Arme als Sonne ein klein wenig schräg nach vorn herunterführen in Richtung «Erde». Dann kurz innehalten.
4 Sie kommt auch	4 Jetzt die Sonnengesten ein klein wenig weiter schräg nach vorn herunterführen.

5 zu den Blümelein –

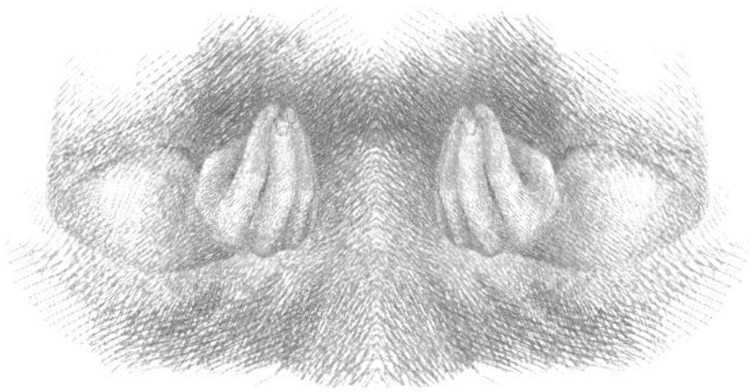

5 Jetzt löst die Erzieherin die Sonnengeste auf, dreht die Hände im Herunternehmen mit den Innenflächen nach oben und legt alle Fingerspitzen als Knospen eng zusammen.

6 die öffnen sich im Sonnenschein

und blüüühen – und blüüühen!

6 Die Finger als «Blütenblätter» sehr langsam öffnen und dazu sehr langsam sprechen. Die Bewegung geht immerzu weiter, während beim Sprechen kleine Pausen sein dürfen. Das Wort «Sonnenschein» etwas betonen. Die Geste der voll erblühten Blumen eine Weile halten, dann sprechen: «und blüüühen – und blüüühen».

7 Geht die liebe Sonne

7 Die Erzieherin bildet wieder das hoch stehende «Sonnenrund», indem sie über außen die gespreizten Hände knapp oberhalb des Kopfes mit den Daumenspitzen zusammenführt.

8 am Abend zur Ruh',

8 Die «Sonnengeste» langsam herunterführen, dabei die gespreizten Finger lockern und allmahlich einrollen. Schließlich die lockeren Fäuste wieder nahe bei den Knien auf die Oberschenkel legen.

9 machen die Blumen

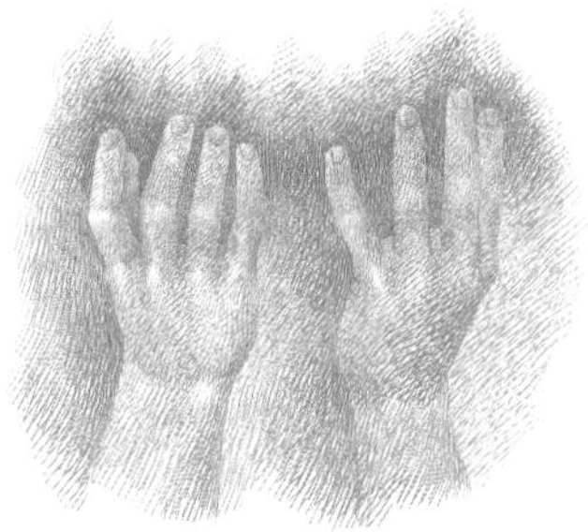

9 Die Erzieherin zeigt wieder die Blumengeste (wie oben bei 6). Jetzt schließen sich die «Blütenblätter» sehr langsam, und der Text wird sehr langsam gesprochen.

10 ihre Blüten zu!

10 Die Blüten immer weiter schließen, das «ü» in dem Wort «Blüten» gedehnt sprechen. Die Bewegung nimmt viel mehr Zeit in Anspruch als der Text. Erst wenn sich alle Fingerkuppen berühren, spricht die Erzieherin das Wort «zu». Dann die geschlossene Blüte noch eine Weile halten und liebevoll anschauen.

Osterfreude

Rhythmusch-musikalisches Erzählchen mit Handgesten (gekürzt)

Zu einer schönen Osterfeier
gehören bunte Ostereier.
Huppeidi – huppeideier,
kunterbunte Ostereier!

Lasst uns geh'n, lasst uns geh'n
und nach bunten Eiern seh'n.
Seht nur, seht, was da steht:
Hier ein Körbchen, dort ein Nest,
das Geschenk zum Osterfest.

Zu einer schönen Osterfeier
gehören bunte Ostereier.
Huppeidi – huppeideier,
kunterbunte Ostereier! –

Text	Bewegungen
1 Zu einer schönen Osterfeier O O O O	1 Die Arme erheben, sodass die Hände etwa auf Kopfhöhe sind. Dann im Sprachrhythmus die Hände locker aus- und eindrehen.
2 gehören bunte Ostereier.	2 Mit beiden Händen den Umriss eines großen Eies bilden; die Zeigefingerspitzen berühren sich. Das vordere Fingerglied des rechten Daumens wird auf das vordere linke Daumenglied gelegt (siehe Abbildung).

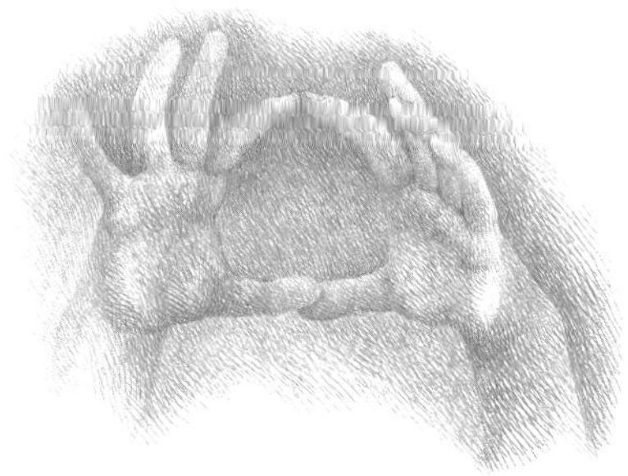

3 Huppeidie – huppeideier,
x x x x
kunterbunte Ostereier!
x x x x

3 Auf der Sprachbetonung (x) so geräuschlos wie möglich und luftig leicht auf Brusthöhe klatschen.

4 Lasst uns geh'n, lasst uns geh'n
∸ ∸ ∸ ∸
r l r l

4 Die flachen Hände abwechselnd rechts und links über die Oberschenkel «gehen» lassen, nah am Körper beginnend in Richtung Knie.

5 und nach bunten Eiern seh'n.

5 Wie oben bei 2 wieder den Umriss eines großen Eies zeigen.

6 Seht nur, seht, was da steht:

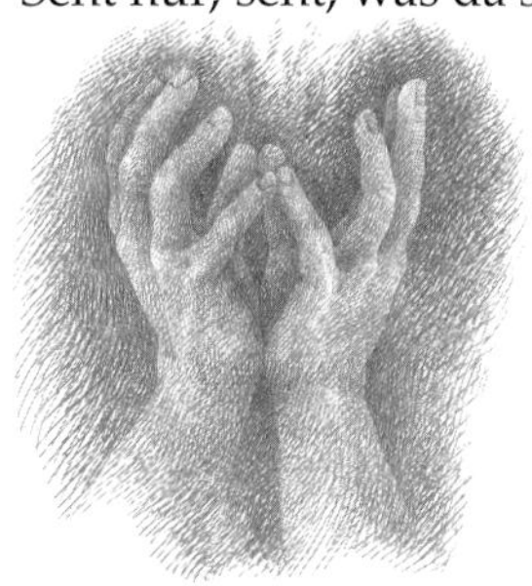

6 Die Arme seitlich abwärtsgerichtet ausbreiten, mit offenen Händen (siehe Abbildung), die Fingerspitzen zum Boden deutend.

7 Hier ein Körbchen, dort ein Nest,

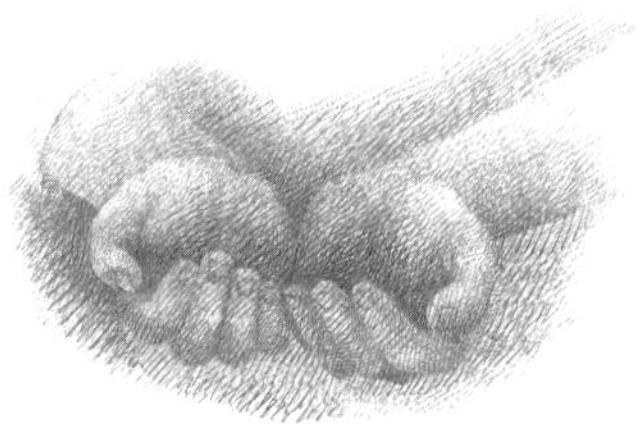

7 Für das «Körbchen» die Handgelenke der Hände aneinanderlegen, die leicht gespreizten, lockeren Finger so gleichmäßig wie möglich rundum verteilen.
Für das «Nest» die Hände in «Schüsselchenform» dicht nebeneinanderhalten.

8 das Geschenk zum Osterfest.

8 Bei «Geschenk» die Geste für den Korb und bei «Oster...» die Geste für das Nest wiederholen.

9 Zu einer schönen Osterfeier ...

9 Wiederholung des Textes und der Gesten siehe oben, Punkte 1 bis 3.

(Für die Kürzung und die Vereinfachung der Gesten verantwortlich: Ingrid Weidenfeld)

Hoppsa-Husch-Lied

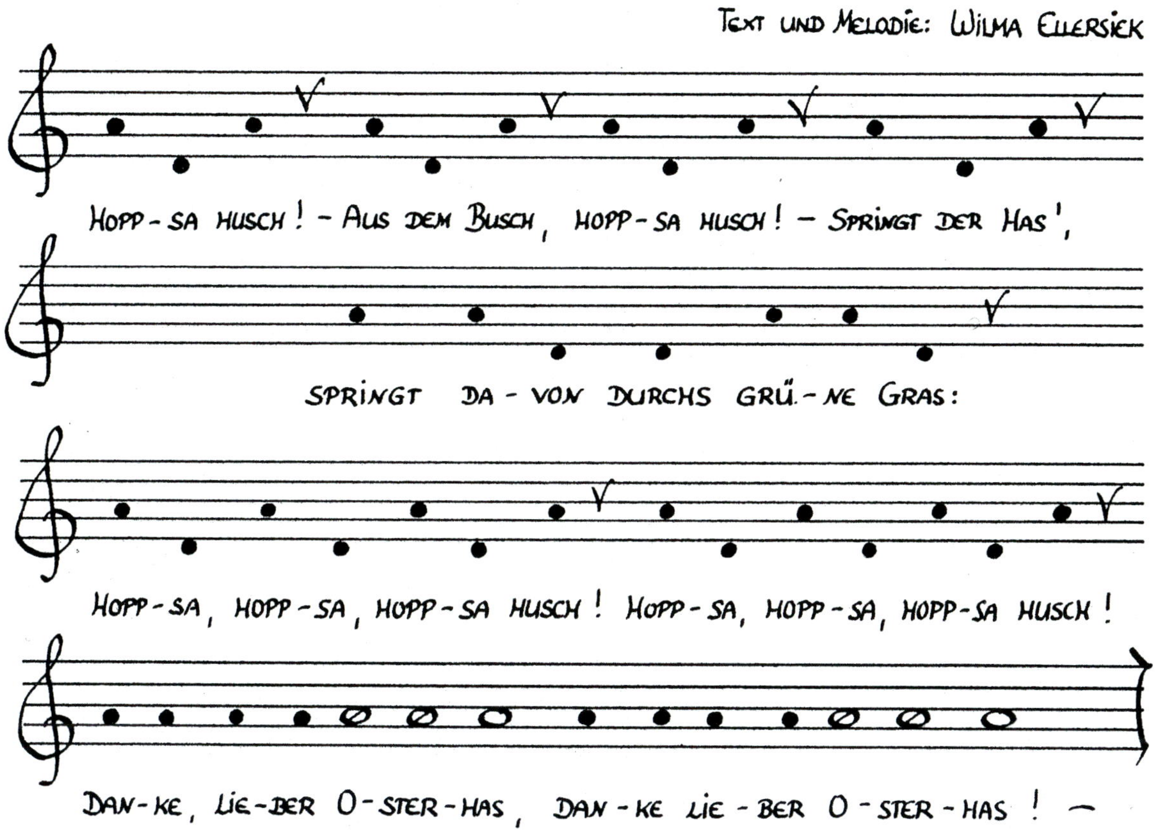

Liedtext	Bewegungen
1 Hoppsa husch! x	1 Bei «x» einmal freudig in die Hände klatschen, aber so geräuschlos wie möglich!
2 Aus dem Busch,	2 Die Hände mit einer ausholenden Armbewegung auf Brusthöhe vor sich zu einem großen Rund schließen, man zeigt den Umfang von einem Busch.

3 Hoppsa husch!
x

3 Wie oben bei 1.

4 Springt der Has',

4 Zeige- und Mittelfinger der rechten Hand werden als Hasenohren senkrecht nach oben aus der Faust gestreckt. Ring- und kleiner Finger sind eingerollt und werden vom Daumen festgehalten. Mit dem Wort «Has'» muss die Geste fertig gebildet sein.

5 Springt davon durchs grüne Gras:
↑ ↓ ↑ ↓

5 Der «Hase» bewegt sich (noch platzgebunden), wie mit den Pfeilen markiert, in kleinen Hopsern auf und ab.

6 Hopp - sa, hopp - sa, hopp - sa, husch! –
↑ ↓ ↑ ↓ ↑ ↓ ↑ ↓
Hopp - sa, hopp - sa, hopp - sa, husch!
↑ ↓ ↑ ↓ ↑ ↓ ↖

6 Nun springt der Hase mit kleinen Hopsern vor dem Körper nach links herüber, bis er beim letzten «husch» «in der Ferne» verschwindet: Die Hasengeste wird aufgelöst und dann mit der lockeren Hand in die Richtung des davonspringenden Hasen gedeutet.
Dann legt die Erzieherin die rechte Hand an die Stirn, um dem «Hasen» nachzusehen.

7 Danke lieber Osterhas'!
≈ ≈ ≈ ≈ ≈ ≈
Danke lieber Osterhas'!
≈ ≈ ≈ ≈ ≈ ≈
(oder: «Wiederseh'n, du kleiner Has'»)

7 Mit der rechten Hand dem verschwundenen «Hasen» nachwinken.

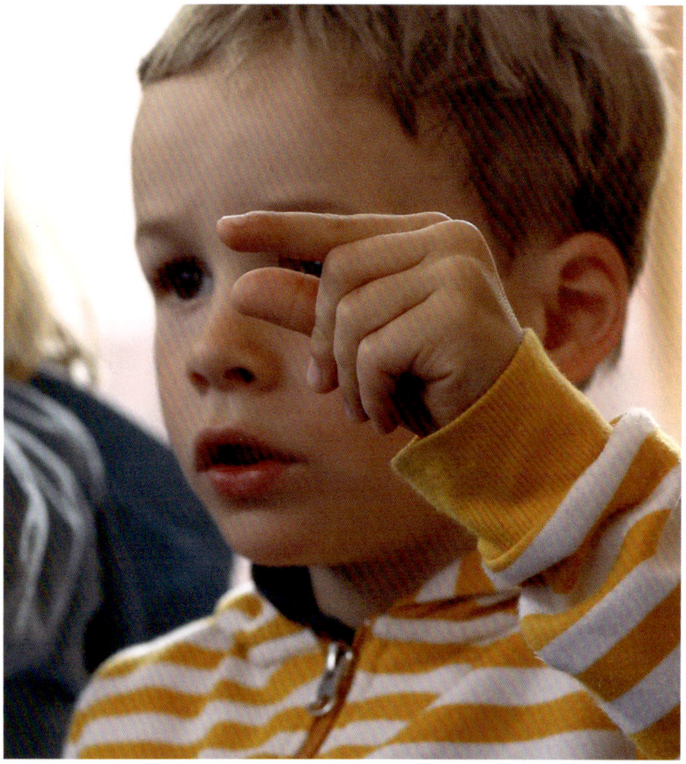
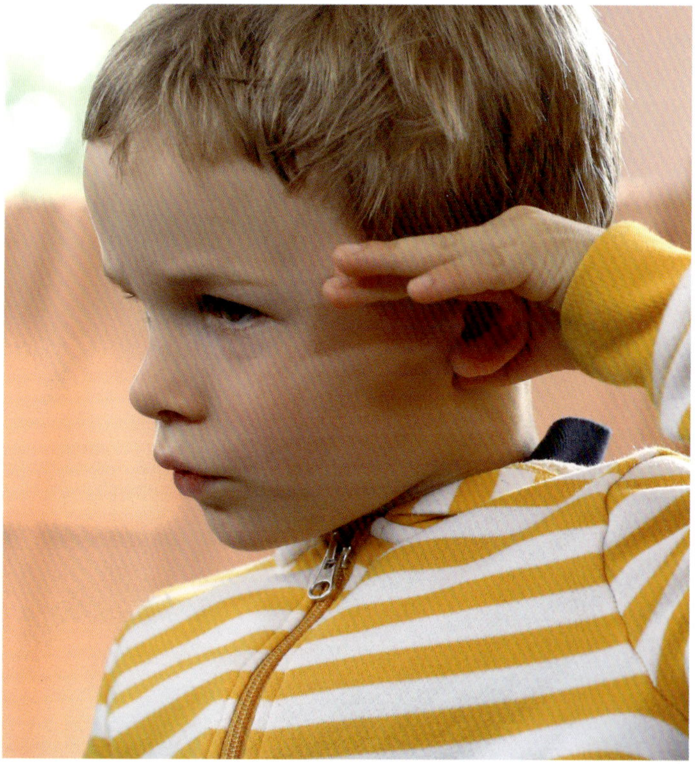

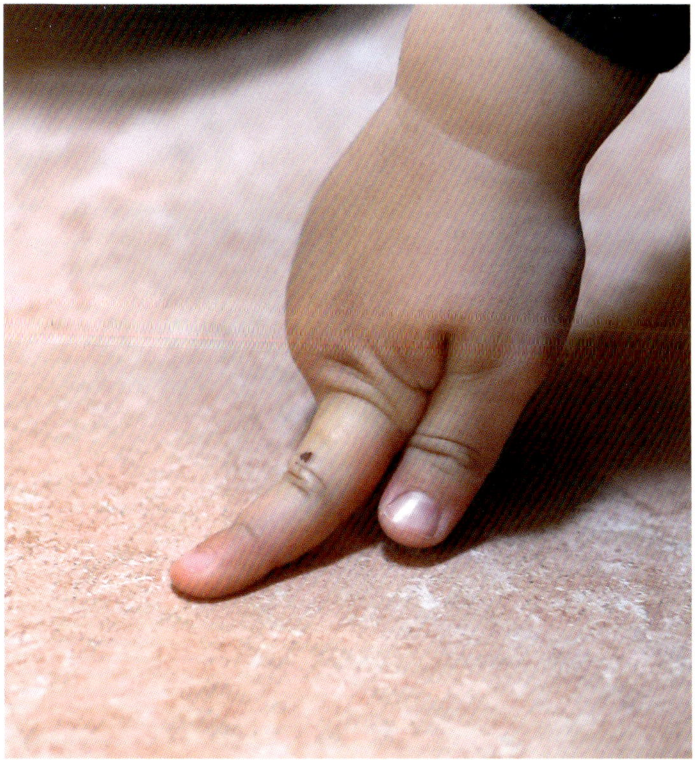

Love
happy
smile

Love
happy

Das Lied vom Bächlein

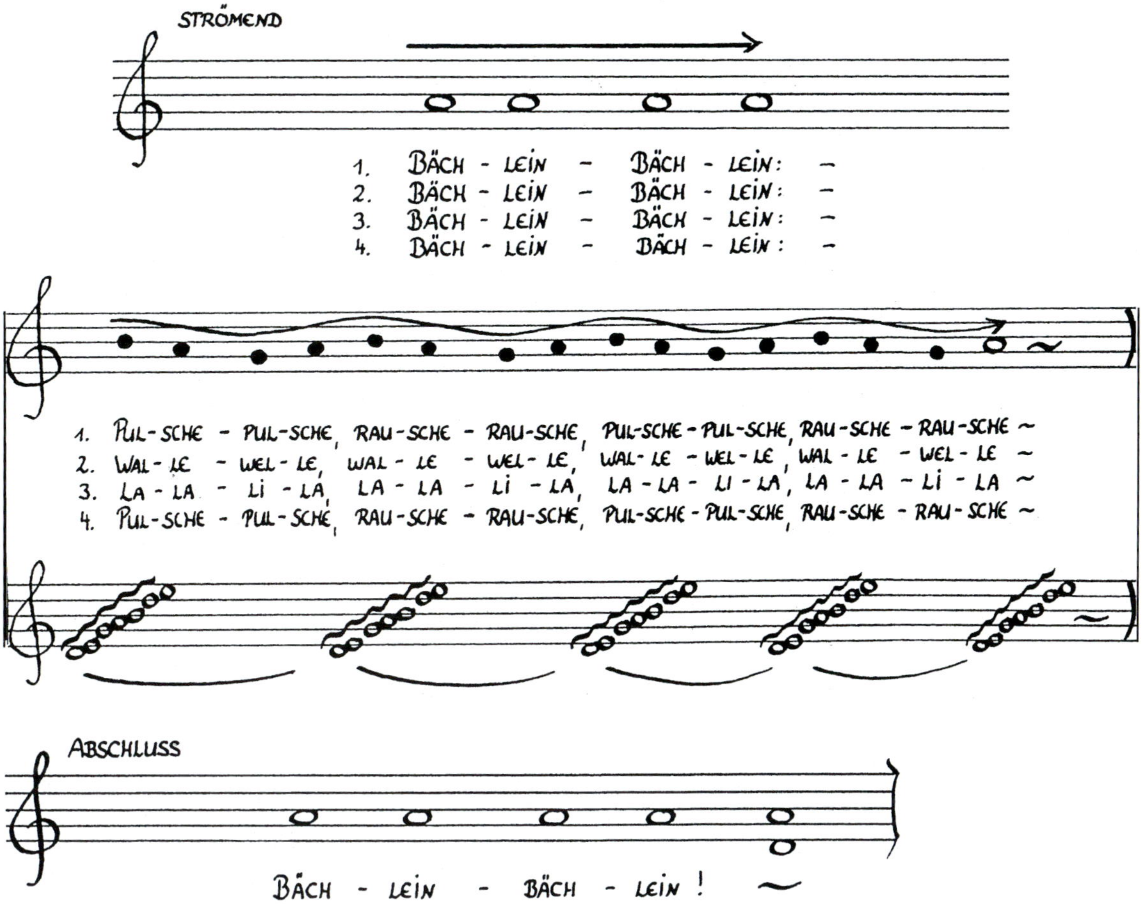

Spiel-Hinweise: ● ≈ eine Pulsation (mittleres Tempo) = Grundschlag ≈ ● ● ≈ ● ● ● ● / Arpeggie: Alle Noten ohne Unterbrechung spielen, indem man mit den lockeren Fingern über die Saiten gleitet (eventuell nur mit einem Finger) V ≈ Pause ~ ≈ länger klingen lassen ⟶ ≈ Fließrichtung bei: Bächlein – Bächlein. (Die waagrecht gehaltene Harfe von links nach rechts führen – gering – dabei abwechselnd mit Zeige- und Mittelfinger zupfen.) ≈ Wasserbewegung: Die Harfe sanft auf- und abbewegen – gleichzeitig leicht von links nach rechts. Bei jeder Hebung zum gesungenen Lied eine Arpeggie spielen.

Das Bächlein

Singspiel mit Choroi-Kinderharfe

Text	Bewegungen
1 Bächlein – Bächlein	1 Die rechte Hand flach halten, Handinnenfläche nach unten, waagrecht von links nach rechts führen, den Bachlauf andeuten.
2 Pulsche-pulsche, rausche-rausche Pulsche-pulsche, rausche-rausche	2 Jetzt beide Hände flach halten (Handinnenfläche nach unten) und von links nach rechts eine Wellenbewegung im Sprachrhythmus (siehe linke Spalte) ausführen. Der Erwachsene nimmt die bereitliegende Choroi-Kinderharfe zur Hand und spielt:

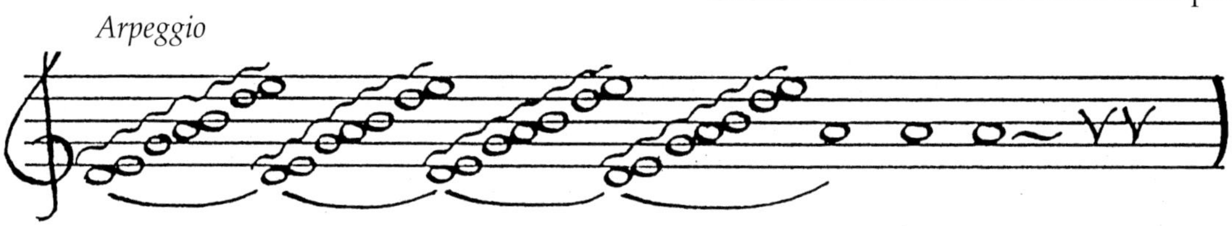

	dann sprechen:
Wir laden unsre Harfe ein, beim Bächleinspiel dabei zu sein.	Während des Sprechens den Kindern die Harfe zeigen, dann wieder Spielhaltung einnehmen, noch einmal, ohne zu singen, vier Arpeggien spielen und ausklingen lassen und dann zum Singen des Liedes (Seite 97) übergehen.
Sprechen:	
Liebe Harfe: Danke schön! Danke schön!	Die Harfe ist ein Spielgefährte, nicht das abstrakte Instrument, darum wird sie zum Mitspielen eingeladen, und danach bedankt man sich bei ihr.

Das Schifflein

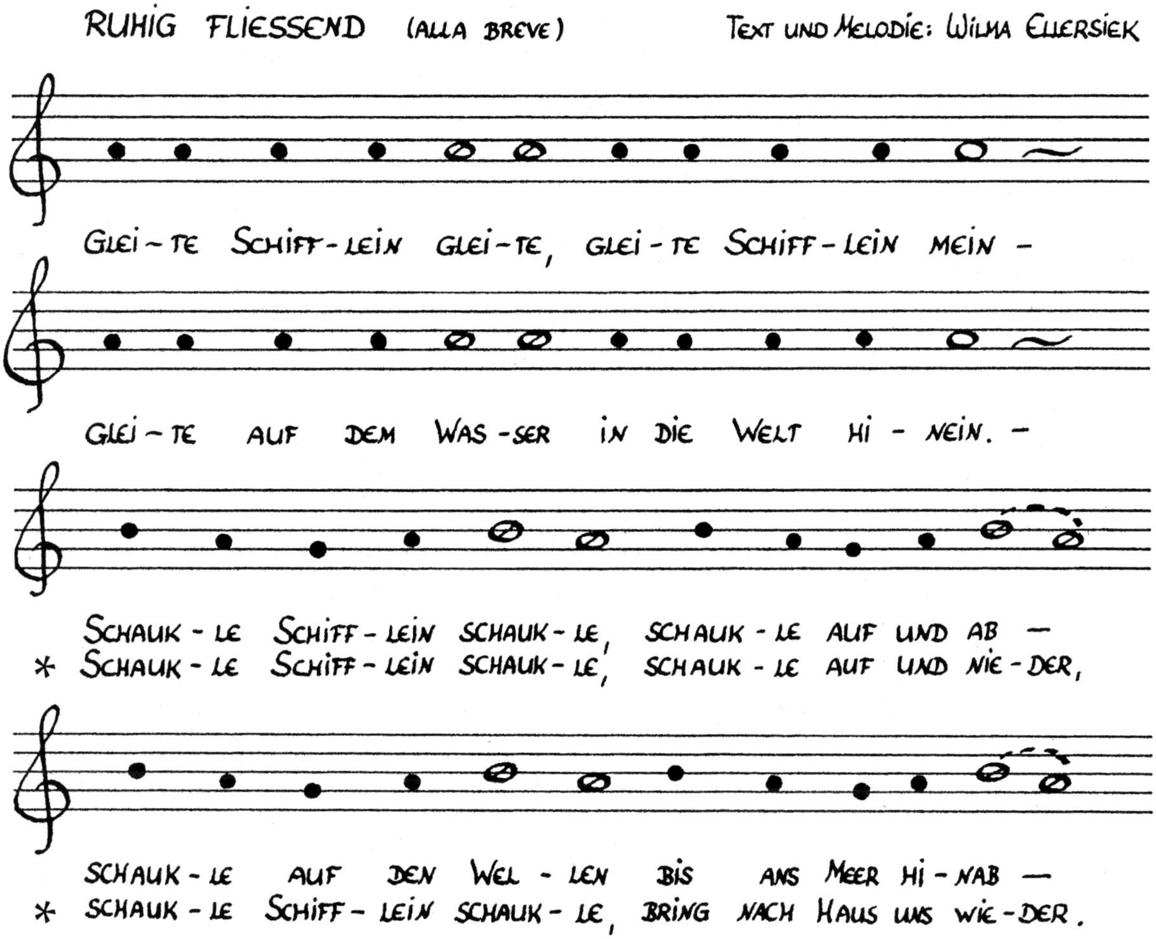

* Text für den «Heimweg»

Glei - te, glei - te, glei - te — glei - te, glei - te, glei - te,
Schauk - le, schauk - le, schauk - le — schauk - le, schauk - le, schauk - le,
End - lich, end - lich an - ge - kom - men! Lan - ge, lan - ge ist's ge - schwom - men.
Fährt jetzt in den Ha - fen, will dort ru - hig schla - fen
Mm - mm - mmmm! Mm - mm - mmmm! Mm - mm - mmmm! Mm - mm - mmmm!

Lied mit Handgesten

Bewegungen

Für das Schifflein:
Die Hände am Kleinfingerrand gegeneinanderlegen, ein Schifflein formen, in das man hineinschauen oder auch ein kleines Püppchen hineinsetzen kann.

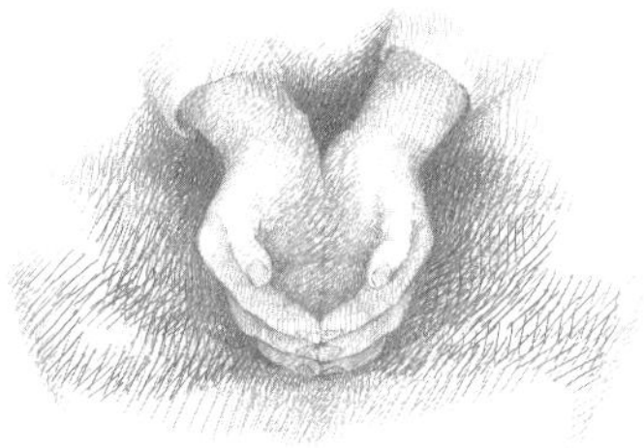

Gleiten:
Mit dem «Schifflein» eine leichte Schlangenlinie (Rechts-links-Bewegung) bei gleichzeitiger ruhiger Vorwärtsbewegung ausführen.

Schaukeln:
Ruhige Auf-und-Ab-Bewegung des «Schiffleins».

Im Hafen angekommen:
Mit der Bewegung innehalten, dann das «Schifflein» leicht hin- und herwiegen.
Das «Schifflein» in den Schoß führen und ruhig halten, mit dem ganzen Körper beim Summen sich leicht hin- und herwiegen.

Babusche – bajuuu

Erzählchen mit Handgesten

Der Wind schlüpft: husch!
in den Busch.

Usche – usche, rusche – rusche!
Es raunt und rauscht im Busche. –

Babusche – bajusche.
Babusche – bajuuu!

Die Kinder hören staunend zu.

Usche – usche,
rusche – rusche.
Babusche – bajusche.
Babusche – bajuuu!

* *Usche – usche,*
rusche – rusche.
Babusche – bajusche.
Babusche – bajuuu! * *(Block kann entfallen)*

Der Wind schlüpft: husch!
aus dem Busch.

Er läuft auf die Weide
zu den Schafen
und krault: kusche – kusche, ihr Fell,
dass sie schlafen.

Text

1 Der Wind schlüpft: husch!
in den Busch.

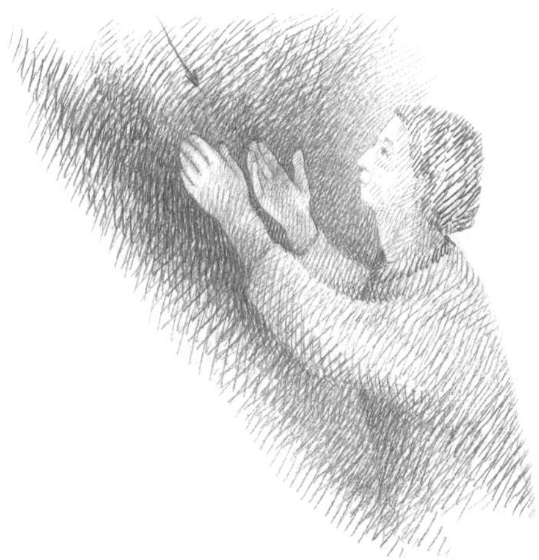

Bewegungen

1 Die Hände im großen Bogen schwungvoll zu sich heranholen, jeweils bei «Wind» und «husch» (siehe Abbildung). Bei «in den Busch» mit den Armen und Händen ein großes Rund vor sich bilden. Hände ineinanderlegen, die rechte vor der linken Hand (Handrücken der rechten Hand zeigt zum Zuschauer).

2 Usche – usche, rusche – rusche! – –
↑ ↓ ↑ ↓ ↑ ↓
Es raunt und rauscht im Busche. –
↑ ↓ ↑ ↓

2 Den Körper mit dem Armrund leicht im angegebenen Rhythmus vor- und rückschwingen (siehe linke Spalte). Die Schwingung wird stumm fortgesetzt bei « – – ». Den Text in den sanften, gleichmäßigen Schwung der Arme gut einpassen.

3 Babusche – bajusche.
links rechts
Babusche – bajuuu!
links rechts

3 Den Körper mit dem davor gehaltenen Armrund leicht nach links und rechts schwingen (viermal).

4 Die Kinder hören staunend zu.

4 Hände zu den Ohren führen, bei «hören» hinter den Ohren anlegen, bei «staunend» den Kopf leicht heben und horchen. Eine Weile so halten. Dann weiter.

5 Usche – usche, rusche – rusche.
↑ ↓ ↑ ↓

5 Wieder ein Armrund bilden und damit vor- und rückschwingen (siehe links und oben bei 2).

6 Babusche – bajusche.
links rechts
Babusche – bajuuu!
links rechts

6 Den Körper mit dem Armrund nach links und rechts schwingen, wie links angegeben.

	Text		Bewegung
*7	Usche – usche, rusche – rusche. ↑ ↓ ↑ ↓	*7	Siehe oben bei 5.
*8	Babusche – bajusche. links rechts Babusche – bajuuu! links rechts	*8	Siehe oben bei 6.
9	Der Wind schlüpft: husch! aus dem Busch.	9	Die Hände zu sich herannehmen und bei «husch» schwungvoll nach vorn bewegen (Innenfläche nach unten). Den gleichen Bewegungsablauf noch einmal bei «aus dem Busch».
10	Er läuft auf die Weide	10	Mit den flachen Händen (Handinnenflächen nach unten) nach vorn unten auf den Boden deuten, im Oberkörper leicht mitgehen. Die Hände dann waagerecht flächig nach rechts und links zur Seite führen, die große Fläche der Weide andeuten.
11	zu den Schafen	11	Hände zu lockeren Fäusten machen und als Vorderbeine an die Brust legen, bei «Schafen» zweimal mit dem «Köpfchen» nicken.
12	und krault: kusche – kusche, ihr Fell,	12	Kopf leicht in den Nacken legen, mit den Fingern vom Kinn angefangen über Hals, Brust bis hinunter zum Bauch das «Fell» kraulen.
13	dass sie schlafen.	13	Hände hochnehmen und das Gesicht hineinlegen. Nach einer Weile die Geste auflösen.

* Kann entfallen!

Babusche – bajuuu (Variante)

Text siehe Seite 102

Dieses Spiel eignet sich dazu, dass man es mit einem kleinen Kind (ca. 10 – 18 Monate) auf dem Schoß spielt. Das Kind sitzt dabei so, dass sein Rücken und sein Kopf vom linken Arm des Erwachsenen gestützt werden. Die Beine liegen quer über den Oberschenkeln des Erwachsenen, und die Füße zeigen nach rechts. Die rechte Hand des Erwachsenen agiert zum Text.

Text	Bewegungen
1 Der Wind schlüpft: husch!	1 Die erwachsene Person sitzt mit dem Kind auf dem Schoß in der oben beschriebenen Haltung. Mit ihrer rechten Hand holt sie mit einer zart-schwungvollen Bewegung «den Wind» von rechts außen zum Kind heran. Die Hand muss immer in einer vom Kind sichtbaren Höhe sein. Diese Bewegung wird zweimal ausgeführt, jeweils bei «Wind» und bei «husch!»
2 in den Busch.	2 Jetzt umfasst der rechte Arm der erwachsenen Person waagerecht einen imaginären Busch, dazu kann sie ihre rechte Hand auf den Handrücken der Linken legen, mit der sie das Kind hält. So umschlossen, wird das Kind jetzt im Sprachrhythmus gewiegt:
3 Usche – usche, rusche rusche! → ← → ← → ← Es raunt und rauscht im Busche. – → ← → ←	3 Zur rechten Seite beginnend, wiegt sich die erwachsene Person seitlich hin und her, wie mit den Pfeilen markiert. (Das Kind vollzieht passiv die Schaukelbewegung vor- und rückwärts mit.) Jeweils am Zeilenende wiegt sich der Erwachsene noch einmal stumm vor und zurück.
4 Babusche – bajusche. *vor* *rück* Babusche – bajuuu! *vor* *rück*	4 In der gleichen Haltung wie oben bei 3 wiegt sich nun die erwachsene Person nach vorn und hinten, das Kind wird nun passiv seitlich gewiegt.

5 Mein Kindchen, das hört staunend zu.

5 Der Erwachsene schaut bei «Mein Kindchen» dem Kind liebvoll in die Augen. Dann nimmt er seine rechte Hand an die linke Ohrmuschel des Kindes, berührt sie sanft und spricht dazu: «das hört staunend zu!»

6 Usche – usche,
→ ←
rusche – rusche!
→ ← → ←
Babusche – bajusche.
vor *rück*
Babusche – bajuuu!
vor *rück*

6 Den rechten Arm wieder waagerecht um den imaginären Busch legen (siehe oben bei 2). Dann wie bei Punkt 3 und 4 wiegen.
(Punkt 6 kann wiederholt werden.)

7 Der Wind schlüpft: husch!
aus dem Busch.

7 Die rechte Hand mit der Handinnenfläche nach rechts wenden und bei den Worten «husch!» und «Busch» jeweils eine sanftschwungvolle Bewegung nach rechts, Richtung Boden, ausführen.

8 Er läuft auf die Weide

8 Nun streicht der Erwachsene mit seiner flachen rechten Hand knapp über dem rechten Oberschenkel in Richtung Knie, als Andeutung des Erdbodens.

9 zu den Schafen

9 Bei «Schafen» nimmt er seine rechte Hand, zur lockeren Faust geformt, als Huf vor die Brust.

10 und krault: kusche – kusche, ihr Fell,

10 Bei «krault» berührt der Erwachsene ganz vorsichtig den Hals des Kindes und krabbelt mit leichten Fingerbewegungen den Oberkörper hinunter, bis etwa zum Nabel des Kindes.

11 dass sie schlafen,

11 Zum Abschluss umfasst der Erwachsene das Kind mit beiden Armen, schaut ihm noch mal kurz in die Augen, um dann die eigenen Augen mit dem Wort «schlafen» zu schließen. In Ruhe ausklingen lassen.

(Für die Änderung verantwortlich:
Ingrid Weidenfeld)

Was der Herbst alles kann

Erzählchen mit Handgesten (gesprochen) oder Quintruf mit Handgesten (gesungen)

Dieses lebendige Herbstspiel ist schon für die Kleinsten ein schönes Erlebnis. Ob die Gesten schon mit- oder nachvollzogen werden, spielt keine Rolle; Klang und Rhythmus sind hier vordergründig, und die Kinder können anschaulich mitvollziehen, was draußen in der Natur geschieht. Je nach Gruppe bietet es sich an, zunächst nur die erste Strophe zu spielen. Die dritte Strophe kann in der Krippe wegbleiben. Will man sie dennoch machen, sollte sie unbedingt gesungen werden, gesprochen wirkt sie langweilig.

Ob die Erzieherin das Spiel spricht oder singt, spielt keine Rolle. Für Menschen, die mit der hohen Stimme Mühe haben, kann das Lied auch auf dem Ton d′ begonnen werden, es erklingt dann die Unterquinte der Quintenstimmung.

Liedabschnitte, die mit ■ gekennzeichnet sind, schwingen im Zweiertakt, Liedabschnitte mit * schwingen im Dreiertakt.

Notation des Liedes siehe S. 108.

Wie ein rechter Malersmann
malt der Herbst die Blätter an,

grün und gelb und rot und braun –
und wir Kinder schau′n und schau′n:

Wo man hinblickt in die Rund′,
alles leuchtet kunterbunt!

Wie ein rechter Malersmann
malt der Herbst die Blätter an.

Wie ein rechter Schneidersmann
zieht der Herbst die Bäume an,

grün und gelb und rot und braun -
und wir Kinder schau′n und schau′n:

Wo man hinblickt weit und breit,
jeder trägt ein buntes Kleid!

Wie ein rechter Schneidersmann
zieht der Herbst die Bäume an.

Was der Herbst alles kann

Text | Bewegungen

1. Strophe:

1 Wie ein rechter Malersmann

1 Der rechte Unterarm mit der locker geöffneten Hand hängt als «Pinsel» mit den Fingerspitzen nach unten. Der linke Arm und die Hand bilden vor der Brust einen «Farbtopf». Der «Pinsel» wird nun in den «Farbtopf» getaucht und bei «wie ein rechter» einmal «umgerührt» und bei «Malersmann» noch zwei weitere Male «umgerührt».

2 malt der Herbst die Blätter an,

2 Zunächst stumm den «Pinsel» aus dem Topf herausnehmen, dann alle Fingerkuppen sehr locker auf den Daumen legen: Der «Pinsel» ist jetzt voller Farbe. Die Geste für den Farbtopf auflösen. Die linke Hand wird nun senkrecht gestellt – als «Blatt» –, die Innenfläche steht im Halbprofil, damit der Betrachter und der Ausführende das Handinnere sehen können. Mit der rechten Hand, dem «Pinsel», wird nun im Sprachrhythmus das «Blatt» (Innenfläche der linken Hand) «angemalt»: ab – auf – ab – auf.

3 grün und gelb und rot und braun –
a b c d

3 Jede Farbe bekommt eine eigene Handbewegung:

a Die Hände waagerecht halten, mit den Fingerspitzen zum Betrachter und die Handinnenflächen nach oben, vorzeigen.

b Die Hände mit gespreizten Fingern senkrecht stellen, die Kleinfingerseite ist zum Betrachter gerichtet.

c Die Hände mit dem Kleinfingerrand zueinanderführen, die locker gebogenen Handrücken sind zum Betrachter gerichtet (siehe Abbildung links).

d Die Hände locker herunterhängen lassen, sie deuten das braune, welke Blatt an.

4 und wir Kinder schau'n und schau'n:

4 Die Hände als Schild an die Stirn legen und nach links und rechts schauen.

5 Wo man hinblickt in die Rund',
( ) ( ) ( ) ( )

5 Die Hände und die Arme zeigen einen Halbkreis vor der Brust, wie wenn man einen sehr großen Ball an sich drückt und mit den Armen umfasst hält. Die Hände sind nicht geschlossen. Dieses Armrund öffnet sich im Sprachrhythmus in vier leichten Schwingungen immer weiter.

6 alles leuchtet kunterbunt!
V X V X

6 Die Hände mit gespreizten Fingern hochheben, etwa auf Brusthöhe, mit der Innenfläche zum Betrachter, mit einer leichten Betonung bei «alles». Bei «leuchtet» die Hände überkreuzen, bei «kunter…» die Kreuzung auflösen und bei «…bunt» nochmals kreuzen.

7 Wie ein rechter Malersmann

7 Siehe oben bei 1.

8 malt der Herbst die Blätter an.

8 Siehe oben bei 2.

2. Strophe:

9 Wie ein rechter Schneidersmann
↑ ↓ ↑ ↓

9 Die linke Hand waagerecht mit locker geschlossenen Fingern etwa auf Brusthöhe vor sich halten. Die Fingerspitzen zeigen nach rechts, die Handinnenfläche nach unten; die linke Hand ist ein Stück «Stoff».
Der rechte Zeigefinger wird als Nadel durch die Fingerzwischenräume im Rhythmus auf und ab geführt. Die Nadel wird zuerst bei «wie» von unten zwischen Zeige- und Mittelfinger «hochgestochen», bei «rechter» zwischen Mittel- und Ringfinger «hinuntergestochen». Die Nadel bei «Schnei…» wieder hochführen zwischen Ringfinger und kleinem Finger und bei «…mann» hinter dem kleinen Finger hinunter.

10 zieht der Herbst die Bäume an,

10 Die Hände auf den Kopf legen, sie streichen seitlich am Kopf herunter, weiter an Hals und Schulter entlang, dann werden Arme und Hände ausgestreckt, seitlich schräg abwärts, und zeigen so das schöne Kleid an, das der Herbst den Bäumen anzieht. Bei «zieht der Herbst» sind die Hände an Kopf, Hals und Schulter, bei «die Bäume an» werden sie seitlich nach schräg außen heruntergeführt.

11 grün und gelb und rot und braun –

11 Siehe bei 3 a-d.

12 und wir Kinder schau'n und schau'n:

12 Siehe bei 4.

13 Wo man hinblickt weit und breit,

13 Siehe bei 5.

14 jeder trägt ein buntes Kleid!
V X V X

14 Siehe bei 6.

15 Wie ein rechter Schneidersmann

15 Siehe bei 9.

16 zieht der Herbst die Bäume an.

16 Siehe bei 10.

3. Strophe:

17 La – la – la – la – la – la – laa,
O O O O
la – la – la – la – la – la – la,
O O O O

17 Die erhobenen Hände leicht und luftig rhythmisch schwingend ein- und ausdrehen. Die Abbildung zeigt die ausgedrehten Hände, die eingedrehten zeigen dann mit dem Handrücken zum Betrachter.

18 grün und gelb und rot und braun –

18 Siehe bei 3 a-d.

19 und wir Kinder schaun und schaun:

19 Siehe bei 4.

20 Wo man hinblickt in die Rund',

20 Siehe bei 5.

21 alles leuchtet kunterbunt!

21 Siehe bei 6.

22 La – la – la – la …

22 Siehe bei 17.

Der Wind

Rhythmisch-musikalisches Handgestenspiel

Huii-huiii! – Huu-huuuuh!
Hörst du den Wind,
mein liebes Kind?
Huii-huiii! – Huu-huuuuh!
So ruft und heult er immerzuuu.
Dann läuft er fort
geschwind-geschwind:
Huii-huiii! – Huu-huuuuh!
Huu-huuuuh!
Der Wind. –

Sprachrhythmus:
♪ ♩ ♪ ♩
Huii-huiii! – Huu-huuuuh!

Text	Bewegungen
1 Huii-huiii! – Huu-huuuuh!	1 Die Hände als «Schalltrichter» an den Mund führen und klangvoll rufen. Nicht zu laut. Dann die rechte Hand an das rechte Ohr legen, sich vorbeugen und ein Weilchen horchen, dann im oben angegebenen Rhythmus sprechen:
2 Hörst du den Wind, mein liebes Kind?	2 Die rechte Hand am Ohr lassen und intensiv horchen. Sich wieder zurücknehmen und aufrecht sitzen, jetzt die Hand vom Ohr wegnehmen, die Kinder anschauen und sprechen:
3 Huii-huiii! – Huu-huuuuh!	3 Die Hände wieder als Schalltrichter an den Mund führen und klangvoll rufen. Mit jeder Silbe nimmt die Lautstärke zu, jedoch nicht übertreiben, es muss musikalisch bleiben!
4 So ruft und heult er immerzuuu.	4 Alle Laute sehr gut plastizieren und die Vokale und den Zwielaut «eu» klangvoll rufen:

5 Dann läuft er fort geschwind-geschwind:

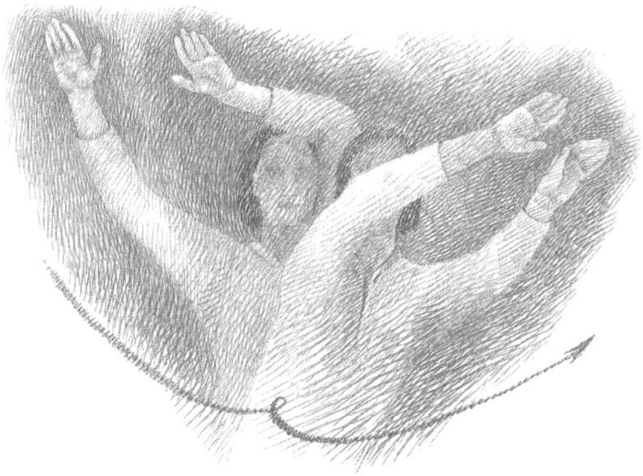

5 Sehr lebhaft sprechen: Die Arme und die Hände begleiten das «fort» und «geschwind» mit einer schwungvollen Bewegung von rechts oben im Bogen über unten nach links außen. Die Stimme zum Wortende heben und ausklingen lassen.

6 Huii-huiii! – Huu-huuuuh! Huu-huuuuh!

6 Siehe oben 1 und 3.

7 Der Wind. –

7 Bei dem Wörtchen «Der» sehr gedehnt sprechen und dabei langsam beide Arme und Hände rechts neben den Kopf heraufheben und bei «Wind» schwungvoll nach links unten außen führen. Das «W» und das «n» von dem Wort «Wind» sehr klingend sprechen. Die Stimme in der Schwebe halten und auf «n» ausklingen lassen.
Eventuell Text und Bewegung von Nr. 7 wiederholen.

Hängt ein Apfel dran

Rhythmisch-musikalisches Erzählchen mit Handgesten

Im Garten steht der Apfelbaum.
Hängt ein Apfel dran.
Phhh! – kommt der Wind! – Phhh! –
bläst ihn an:
Pfff! – bläst mehr! – pffff! – und mehr!
Der Apfel schaukelt hin und her:
Pfff! – Hui! – Pffff! – Hui! – Pfffff! – Huii!
Bab!
Er fiel herab. –
Ich nehm′ den Apfel – schau ihn an –
was ich damit machen kann?
Trag′ ihn zur Mutter schnell nach Haus,
die macht mir Apfelbrei daraus:
Apfelbrei – Apfelbrei!
Hmm! Hmmm!

Text	Bewegungen
1 Im Garten steht der Apfelbaum.	1 Der linke Arm und die Hand stellen den Apfelbaum dar: Der Unterarm ist der Stamm, die Hand, mit der Innenfläche zum Betrachter gerichtet, zeigt mit gespreizten Fingern die Äste.
2 Hängt ein Apfel dran.	2 Die rechte Faust ist der Apfel, er wird mit dem Stängel – das ist der rechte Zeigefinger – an den dicksten Ast (den linken Daumen) gehängt.
3 Phhh! – kommt der Wind! – Phhh! – bläst ihn an:	3 Leicht gegen den hängenden Apfel blasen: phhh!
4 Pfff! – bläst mehr! – Pffff! – und mehr! ↗ ↗	4 Kräftiger gegen den Apfel pusten: pffff!, dabei den Apfel in Blasrichtung bewegen. (Siehe Pfeile.)

5 Der Apfel schaukelt hin und her: ↗ ↙ ↗ ↙	5 Das Schaukeln des Apfels zeigen.
6 Pfff! – Hui! – Pffff! – Hui! – Pfffff! – Huii! ↗ ↙ ↗ ↙ ↗ ⤴	6 Weiterschaukeln und kräftig pusten. Bei «Huiii!» löst sich der Apfel:
7 Bab! ↓	7 Der «Apfel» fällt herab! Die rechte Faust fällt bei dem Wörtchen «Bab!» auf den rechten Oberschenkel.
8 Er fiel herab. –	8 Aufmerksam auf den Apfel schauen. Mit dem linken Zeigefinger darauf zeigen und bei «fiel» nicken.
9 Ich nehm' den Apfel –	9 Die linke Hand nimmt den Apfel auf, führt ihn stumm bis etwa auf Brusthöhe herauf.
10 schau ihn an – was ich damit machen kann?	10 Den Apfel betrachten und nachdenklich den Kopf hin- und herwiegen.
11 Trag' ihn zur Mutter schnell nach Haus, 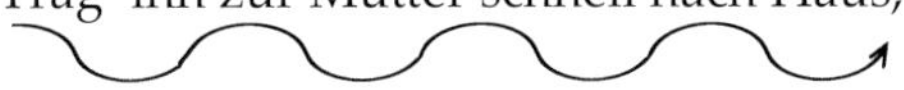	11 Linke Hand mit dem darin liegenden Apfel im Rhythmus auf und ab nach vorn, auf den Betrachter zu, führen.
12 die macht mir Apfelbrei daraus: 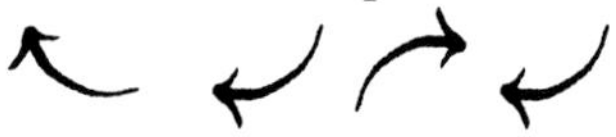 Apfelbrei – Apfelbrei! 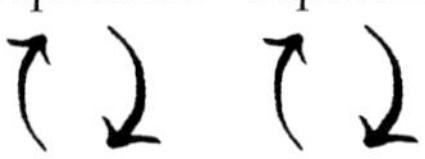	12 Das Wörtchen «die» sehr gedehnt sprechen. Dabei umfasst der linke Arm auf Brusthöhe einen imaginären Topf, die rechte Faust hält einen imaginären Rührlöffel und rührt im Rhythmus freudig den Brei.
13 Hmm! Hmmm!	13 Mit beiden Händen über Magen oder Bauch reiben, dabei das «Hmmm!» genießerisch klingen lassen.

Ernte-Dank

Text: Christian Morgenstern
Melodie: W. Ellersiek / I. Weidenfeld

alla breve, ruhig fließend

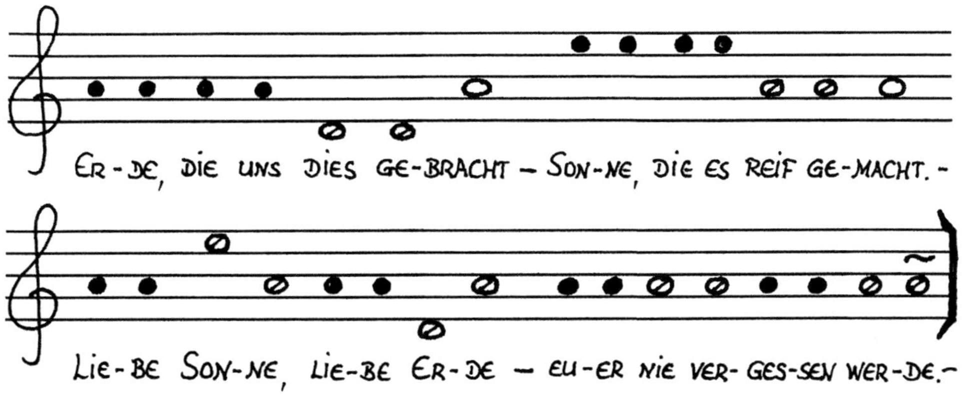

Text	Bewegungen
1 Erde, die uns dies gebracht –	1 Beide Hände vom Boden, Tisch oder Oberschenkel, je nachdem, wo man sitzt, langsam nach oben führen; die Handinnenflächen zeigen dabei nach oben. Man deutet mit dieser Gebärde das Wachsen der Pflanzen an.
2 Sonne, die es reif gemacht. –	2 Beide Hände etwas über Stirnhöhe halten. Die Finger sind gespreizt, und die Daumen berühren sich. Die «Sonne» etwas nach vorn herunterneigen. Man deutet das Scheinen der Sonne an und gibt der Erde Licht und Wärme.

3 Liebe Sonne,

3 Die Hände – wie bei 2 – noch einmal nach vorn neigen, die Sonne strahlt.

4 liebe Erde –

4 Die «Sonnengeste» auflösen und beide Hände mit nach unten gerichteten Handinnenflächen herunterführen und dabei auf die Erde deuten.

5 euer nie vergessen werde.

5 Die Hände mit geschlossenen Fingern auf Brusthöhe zusammenführen, die Fingerkuppen und die Handwurzeln berühren sich, die Daumen liegen zwischen den Zeigefingern, sodass ein Hohlraum in den Handinnenflächen bleibt. Die Hände zeigen so eine «Kornähre» und zugleich eine Dankesgeste.

Das Blatt

Erzählchen mit Handgesten

Ein Blatt hängt am Baum.
Es wiegt sich im Traum.
mm – mm – mm – mm.
Kommt der Wind herangesaust.
Hui! Wie er das Blättlein zaust!
Wirft es in die Luft hinein.
Hei! Wie fliegt und tanzt es fein!

Trudelt, trudelt, trudelt munter. *
Schwebt zur Erde dann ** herunter.

* oder: gaukelt, gaukelt, schaukelt munter
** oder: sacht'

Text

1 Ein Blatt hängt am Baum.
Es wiegt sich im Traum.

mm – mm – mm – mm.

(stumm weiter pendeln)

Bewegungen

1 Der rechte Arm wird als «Ast» auf Brusthöhe angehoben, die rechte Hand hängt als «welkes Blatt» schlaff herunter. Das «Blatt» anschauen und sprechen (siehe links).
Ab «wiegt» die Hand vom Handgelenk aus behutsam hin- und herpendeln (siehe Wiegepfeile), dabei leise und melodisch, fast singend sprechen. Die Stimme am Schluss in der Schwebe halten und das «m» ausklingen lassen. Ohne Text noch zweimal hin- und herpendeln (wiegen).

2 Kommt der Wind herangesaust.

2 Sehr lebhaft sprechen. Die «Blatt-Ast-Geste» der rechten Hand beibehalten, die linke Hand von links außen mit der Handinnenfläche zur rechten Hand zeigend mit großem Schwung zum «Blatt» heranführen, jeweils bei den Worten «Wind» und «…saust». Zeitgleich bewegt sich das «Blatt» (rechte Hand) in «Windrichtung». Sehr betont und gedehnt, fast rufend sprechen. Die Laute «W – n – s – au – s» gut «plastizieren» und klingen lassen.

3 Hui! Wie er das Blättlein zaust!

3 Bei «Hui!» mit der linken Hand den Zeigefinger der rechten, hängenden Hand packen und diese hin- und herschütteln, die rechte Hand dabei sehr locker lassen. Das Wort «zaust» gedehnt sprechen, damit häufig hin- und hergeschüttelt werden kann.

4 Wirft es in die Luft hinein.

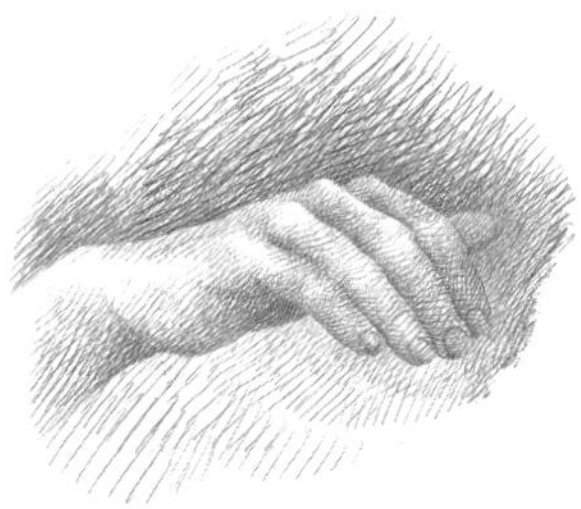

4 Die linke Hand, der Wind, reißt die rechte Hand, das Blatt, im Sprachrhythmus auf und ab. Bei «Luft» wird die rechte Hand hochgeschleudert und losgelassen, danach die linke Handgeste auflösen.

Die rechte Hand – Handinnenfläche nach unten mit lockeren Fingern – wie einen kleinen Fallschirm (siehe Zeichnung links) in Kopfhöhe behutsam fliegen lassen, den «Flugweg» der Bewegungslinie unter dem Wort «hinein» anpassen.

5 Hei! Wie fliegt

5 Das «Blatt» in der «Fallschirmchen-Haltung» ruhig schweben lassen, dabei der gezeichneten Bewegungsspur (siehe links) folgen. Die Sprachmelodie wird dem Auf und Ab der Bewegung durch Tonhöhe und -tiefe angepasst. Bei dem Wort «fliegt» das «i» sehr gedehnt sprechen.

6 und tanzt es fein!

6 Die rechte Hand, das «Blatt» (weiterhin in der «Fallschirmchen-Haltung»), jetzt auf Brusthöhe heruntersinken lassen und jeweils bei den Worten «tanzt» und «fein» in schnellem Tempo waagerecht kreisen lassen. Dazu exakt im Rhythmus sprechen.

7 Tru – delt, tru – delt, tru – delt mun – ter.

7 Für das Trudeln die rechte Hand umdrehen, die Handinnenfläche zeigt nach oben, wie eine kleine Schale, etwa auf Magenhöhe absinken lassen. Dann im Wortrhythmus (tru – delt …) nach links und nach rechts pendeln.

8 Schwebt zur Erde dann herunter.

8 Die rechte Hand wieder umdrehen als kleinen Fallschirm und das «Blatt» langsam zum «Boden» herunterschweben lassen. «Schwebt» und «herunter» sehr langsam, sehr melodisch, ja fast singend sprechen. Das «Blatt», nachdem es sanft auf dem Boden angekommen ist, noch eine Weile stumm liegen lassen.
(Der «Boden», auf dem das Blatt am Ende liegt, kann je nach Bedarf ein Tisch, der Fußboden oder die Oberschenkel sein.)

Meine helle Laterne

Es schneit!

Rhythmisch-musikalisches Handgestenspiel

Es schneit – – – es schneit – – – es schneit!
Es schneit – – – es schneit – – – es schneit!

Weit und breit – – – weit und breit – – –
Wohin ich seh' – – – weißer Schnee – – –
Weißer Schnee!

Juchhe! – Juchhe! – Juchhe! –
Juchhe! – Juchhe! – Juchhe! –

Text

1 Es schneit – – – es schneit – – – es schneit!
Es schneit – – – es schneit – – – es schneit!

Bewegungen

1 Die Erzieherin hält die Hände etwas über Kopfhöhe und führt sie parallel, mit sich luftig bewegenden Fingern (auch die Daumen), senkrecht nach unten, bis die Fingerspitzen die Schenkel berühren. Das Bewegungstempo so einrichten, dass der Text ruhig gesprochen werden kann und das «ei» in «schneit» gedehnt, fast singend klingt. Für die zweite Zeile die gleiche Bewegung wieder über Kopfhöhe beginnen lassen.

2 Weit und breit – – – weit und breit – – –

2 Mit der gleichen luftigen Fingerbewegung werden die Hände nun parallel in einem leichten Bogen über oben erst nach links und dann nach rechts geführt. Sich Zeit lassen dabei. Wiederum das «ei» in «weit» und «breit» dehnen, fast singen.

3 Wohin ich seh' – – – weißer Schnee – – –

3 Bei «Wohin ich seh'» die Hände mit den gleichen Fingerbewegungen im leichten Bogen über oben auseinanderführen und bei «weißer Schnee» auf dem gleichen Weg wieder zusammenführen. Die Vokale gedehnt sprechen.

4 Weißer Schnee!

4 Die zusammengeführten Hände parallel nach oben führen und bei «weißer» wieder senkrecht herunterschneien lassen bis auf die Oberschenkel oder den Boden, wie oben bei 1. Das «ee» in «Schnee» so lange klingen lassen, bis die Fingerspitzen angekommen sind.

Der ganze Ablauf von 1 bis 4 muss wie ein Atemvorgang erlebt werden. Wichtig sind die stummen, in Ruhe vorbereiteten Richtungswechsel.

5 Juchhe! – Juchhe! – Juchhe! – (stumm)
aus *ein* *aus* *ein*
Juchhe! – Juchhe! – Juchhe! –
aus *ein* *aus*

5 Die erhobenen Hände rhythmisch aus- und einwärtsdrehen. Entgegen der Abbildung links die Hände nicht über Kopfhöhe erheben.

Glitzt – glitzt und taut

Rhythmisch-musikalisches Handgestenspiel

Bei diesem Spiel handelt es sich um ein Spiel mit Refrain (Rondo). Derart komponierte Spiele sind besonders leicht zu kürzen oder zu erweitern – je nach Bedarf. Der stets wiederkehrende Refrain:

Schneeflöckchen schweben vom Himmelszelt,
leise hernieder auf die Welt.

leitet jeweils die neue Strophen ein. Im Original sind es sechs Strophen. Das ist für die Krippenkinder zunächst zu lang. Es steht jeder Erzieherin frei, welche Strophen ausgewählt werden. Es genügen zunächst zwei Körperteile, auf die das Schneeflöckchen schwebt, danach sollte gleich der Abschluss folgen.

Wenn das Spiel schon einige Zeit in der Gruppe lebt, können weitere Körperteile «beschneit» werden. Und sollten die Kinder von sich aus Ideen bringen, wohin das Schneeflöckchen noch schweben soll, ist die Freude groß, wenn der Vorschlag aufgegriffen wird.

Um das Spiel abzuschließen kommt nach dem Refrain der Text:

Bis auf die Erde herab sie fliegen,
dort bleiben sie liegen.

Schneeflöckchen schweben vom Himmelszelt
leise hernieder auf die Welt.
Eins schwebt auf meinen Kopf!
Schaut! Es glitzt – glitzt und taut.

Schneeflöckchen schweben vom Himmelszelt
leise hernieder auf die Welt.
Eins schwebt auf meine Brust!
Schaut! Es glitzt – glitzt und taut.

Schneeflöckchen schweben vom Himmelszelt
leise hernieder auf die Welt.
Eins schwebt auf mein Knie!
Schaut! Es glitzt – glitzt und taut.

Schneeflöckchen schweben vom Himmelszelt
leise hernieder auf die Welt.
Eins schwebt auf meine Hand!
Schaut! Es glitzt – glitzt und taut.

Schneeflöckchen schweben vom Himmelszelt
leise hernieder auf die Welt.
Eins schwebt auf meine Nas'!
Schaut! Es glitzt – glitzt und taut!

Schneeflöckchen schweben vom Himmelszelt
leise hernieder auf die Welt.
Bis auf die Erde herab sie fliegen,
dort bleiben sie liegen.

Text	Bewegungen
1 Schneeflöckchen schweben vom Himmelszelt leise hernieder auf die Welt.	1 Beide Hände sind die Schneeflöckchen. Jede Hand mit locker gebogenen Fingern und Daumen, Handinnenfläche nach unten, wie einen kleinen Fallschirm schweben lassen. Die Hände werden in kleinen, luftigen Bögen parallel auf und ab, hin und her, allmählich abwärts bewegt. Die Bewegung beginnt etwa in Stirnhöhe und endet etwa auf Höhe des Brustbeins.
2 Eins schwebt auf meinen Kopf!	2 Die rechte Hand (kleiner Fallschirm) ist jetzt das «eine Schneeflöckchen», das auf das Wort «Eins» langsam senkrecht bis über Kopfhöhe hochgeführt wird. Dabei gedehnt sprechen. Langsam schwebt das Schneeflöckchen wieder herunter, und bei dem Wort «Kopf» das Schneeflöckchen jetzt mit der Daumenseite auf dem Kopf auflegen.

3 Schaut!	3 Ohne Stirnrunzeln in Richtung des Schneeflöckchens schauen.
4 Es glitzt – glitzt * *	4 Die rechte Hand zweimal bei * zum Zuschauer hin spreizen.

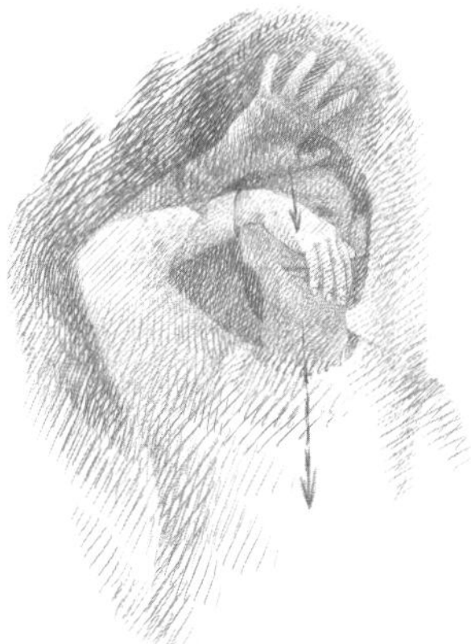

5 und taut.	5 Die Hand vom Kopf zur Schläfe und ein Stück seitlich über die Wange heruntergleiten lassen.
6 Schneeflöckchen schweben … etc.	6 Beim Refrain jedes Mal die unter Nr. 1 beschriebene Gebärde ausführen.
7 Eins schwebt auf … etc.	7 Jetzt ist wieder nur die rechte Hand das Schneeflöckchen, wie unter Nr. 2 beschrieben. Der Reihe nach schwebt das Flöckchen auf die Brust, das Knie, die Hand und die Nase. Wenn das Flöckchen taut, lässt man jedes Mal die Hand von der betreffenden Körperstelle ein Stückchen herabgleiten. Sich Zeit lassen.
8 Bis auf die Erde herab sie fliegen,	8 Die Hände werden mit der bekannten Bewegung weiter heruntergeführt bis auf die Oberschenkel oder, falls man am Boden kniet, bis auf den Boden. Die Hände leicht und locker auf Beine oder Boden auflegen. Eine Weile stumm darauf schauen. Mit bestätigendem Nicken weitersprechen:
dort bleiben sie liegen.	

Wenn das Kind von sich aus Ideen bringt, wohin das Flöckchen noch schweben soll, kann der Erwachsene diese Ideen aufgreifen. – Auch als Partnerspiel möglich, dann heißt es zum Beispiel: «Schau! Es schwebt auf deinen Arm.»

Wie die Schneeflöckchen die Erde schmückten

Rhythmisch-musikalisches Handgestenspiel

Wenn die Aufregung über den ersten Schneefall sich bei den Kindern gelegt hat, ist dieses Spiel besonders schön: Es ist ein beschauliches und beruhigendes Spiel. Mit allen Strophen ist es für die Krippenkinder zunächst zu lang. Jede erziehende Person kann selbst auswählen, welche Zwischenteile sie den Kindern anbieten will. Der stets wiederkehrende Refrain umrahmt das Spiel – Anfang und Ende haben also den gleichen Text.

Schneeflöckchen kamen vom Himmel geflogen,
haben die Erde weiß angezogen:

Der Zaun bekam Käppchen,
das Dach einen Hut.
Kleine Käppchen,
großer Hut.

Schneeflöckchen kamen vom Himmel geflogen,
haben die Erde weiß angezogen:

Die dicke Tonne bekam einen Kragen,
einen runden – weichen Kragen.

Schneeflöckchen kamen vom Himmel geflogen,
haben die Erde weiß angezogen:

Die Bäume wurden ganz eingeschneit,
sie bekamen ein Winterkleid.

Schneeflöckchen kamen vom Himmel geflogen,
haben die Erde weiß angezogen:

Die Wiese deckten sie weich und warm zu,
sie bekam eine Decke zur Winterruh!

Schneeflöckchen kamen vom Himmel geflogen,
haben die Erde weiß angezogen.

Text	Bewegungen
1 Schneeflöckchen kamen vom Himmel geflogen,	1 Die Ausgangshaltung: Die Arme und die Hände bis auf Stirnhöhe hochführen; die Hände sind geöffnet, die Finger locker und die Handinnenflächen zeigen schräg in Richtung Fußboden. Für das Schneien werden die Hände mit sich leicht und luftig bewegenden Fingern (Schneeflocken) langsam senkrecht nach unten geführt. Den Text so einteilen, dass die Fingerspitzen bei «geflogen» die Oberschenkel oder den Fußboden berühren. Die Sprachmelodie begleitet die Bewegung von oben nach unten.

2 haben die Erde	2 Die Hände zeigen nach vorn, bei dem Wort «Erde» mit den Händen ganz leicht zum Boden hindeuten, so als ob man vorsichtig etwas antippt.

3 weiß angezogen:	3 Die Hände behutsam umdrehen, sodass die Handinnenflächen nach oben zeigen. Bei dem Wort «weiß» werden die Arme und die Hände langsam mit einer kleinen Verneigung des Kopfes nach außen geführt, bis die Arme ganz ausgebreitet sind. Langsam und voller Bewunderung für das Naturereignis in der Stimme den Text sprechen. Alle Bewegungen langsam und sehr behutsam ausführen.

4 Der Zaun bekam Käppchen,

4 Die Hände mit den Fingerspitzen und den Handgelenken zusammenführen. Bei dem Wort «Käppchen» müssen sich die beiden Hände auf Brusthöhe treffen und einen Hohlraum umschließen.

5 das Dach einen Hut.

5 Bei dem Wort «Hut» berühren sich die Fingerspitzen beider Hände über dem Kopf und bilden ein Dach. Für unter dreijährige Kinder das «Dach» auf Stirnhöhe bilden.

6 Kleine Käppchen, großer Hut.

6 Die Bewegungen für die Käppchen und den Hut zum jeweiligen Wort wiederholen.

7 Schneeflöckchen kamen vom Himmel geflogen, haben die Erde weiß angezogen:

7 Handgesten wie oben bei 1, 2 und 3 beschrieben ausführen.

8 Die dicke Tonne

8 Die Arme und die Hände zeigen ein großes Rund vor dem Körper, so als ob man einen sehr großen Ball umfasst hält.

9 bekam einen Kragen,

9 Die Hände hinter den Kopf an den Hals führen und dort die Finger ineinanderschieben – wie beim Händefalten.

10 einen runden – weichen Kragen.

10 Die Gebärde von 9 beibehalten, sich aber jetzt behaglich in den imaginären Kragen hineinkuscheln und dabei im Oberkörper leicht hin- und herwiegen.

11 Schneeflöckchen kamen vom Himmel geflogen, haben die Erde weiß angezogen:

11 Gebärden siehe oben bei 1 bis 3.

12 Die Bäume wurden ganz eingeschneit,

12 Bei «Bäume» die Arme und die Hände mit gespreizten Fingern als Äste schräg nach oben strecken. Nach dem sehr langsam gesprochenen Wort «Bäume» werden die Hände knapp über den Kopf geführt, die Handinnenflächen zum Körper gewendet. Dann lässt man es mit leichten, luftigen Fingerbewegungen auf den «Baum» schneien; man berührt sich also selbst ganz zart vom Kopf abwärts entlang den Ohren, den Schultern, Brust und Bauch.

13 sie bekamen ein Winterkleid.

13 Ist man mit der «Schneibewegung» unten angekommen, werden die Arme schräg abwärts, seitlich nach außen gestreckt, und man dreht sich bei «Winter-» leicht nach links und bei «-kleid» leicht nach rechts, siehe Abbildung bei 12.

14 Schneeflöckchen kamen vom Himmel geflogen, haben die Erde weiß angezogen:

14 Gebärden siehe oben bei 1 bis 3.

15 Die Wiese deckten sie weich und warm zu,

15 Mit den flachen, nah beieinandergehaltenen Händen, die Handinnenflächen sind nach unten gerichtet, bis fast auf die Oberschenkel oder den Boden heruntergehen. Bei «weich» mit beiden Händen nach links streichen, bei «zu» mit beiden Händen in die entgegengesetzte Richtung streichen, als ob man eine Decke glatt streicht.

16 sie bekam eine Decke zur Winterruh!

16 Arme vor der Brust kreuzen und sich in dieser Haltung behaglich hin- und herwiegen.

17 Schneeflöckchen kamen vom Himmel geflogen, haben die Erde weiß angezogen.

17 Gebärden siehe oben bei 1 bis 3.

Das Schnee-Juchhe

Text und Bewegungen siehe S. 134f.

Das Schnee-Juchhe

Text	**Bewegungen**
1 Schnee – Schnee – Schnee! *aus* *ein* *aus*	1 Die über Kopfhöhe erhobenen Hände im Liedrhythmus lebhaft aus- und eindrehen (pro Silbe eine Drehung).

2 Vom Himmel schneit's den Schnee!	2 Aus der unter 1 beschriebenen Drehbewegung in die Bewegung des Schneiens übergehen, dazu die über den Kopf erhobenen Hände mit leichten, lockeren Fingerbewegungen senkrecht nach unten führen, bis die Fingerspitzen auf den Oberschenkeln ankommen. Eventuell das Singen etwas verlangsamen, damit die Bewegung des Schneiens nicht aufhört, bevor der «Schnee» auf einer Unterlage angekommen ist.

3 Da freu'n sich alle Kinder sehr, x x x x es schneit und schneiet immer mehr:	3 Bei jedem x einen luftigen, leisen Klatscher ausführen und bei «es schneit und schneiet …» die Hände etwa auf Gesichtshöhe heraufnehmen und wieder die Bewegung des Schneiens, wie oben bei 2 beschrieben, ausführen.

4	Schnee – Schnee – Schnee!	4	Wie oben bei 1.
5	Juchhe! Juchhe! Juchhe! x x x	5	Bei x wieder leise und luftig klatschen.
6	Schnee – Schnee – Schnee! Juchhe! Juchhe! Juchhe!	6	Wiederholung von 4 und 5. Nach dem dritten Klatscher federn die Hände voneinander ab und beschreiben einen Kreis, bis sie wieder nahe beieinander auf den Oberschenkeln ankommen. Dazu das letzte «…he!» gedehnt singen.
7	Die Kinder bleiben nicht im Haus, ← → ← →	7	Den Kopf im Rhythmus (mit den Pfeilen gekennzeichnet) hin- und herschütteln wie nein – nein.
8	sie laufen in den Schnee hinaus: ∸ ∸ ∸ ∸ ∸ ∸ ∸ r l r l r l r	8	Mit der rechten und linken Hand abwechselnd auf dem Oberschenkel entlang «laufen», vom Körper weg in Richtung Knie.
9	Schnee – Schnee – Schnee! Juchhe! Juchhe! Juchhe! Schnee – Schnee – Schnee! Juchhe! Juchhe! Juchhe!	9	Ablauf siehe oben bei 4, 5 und 6.

(Für die Kürzung verantwortlich: Ingrid Weidenfeld)

O Stern Davids

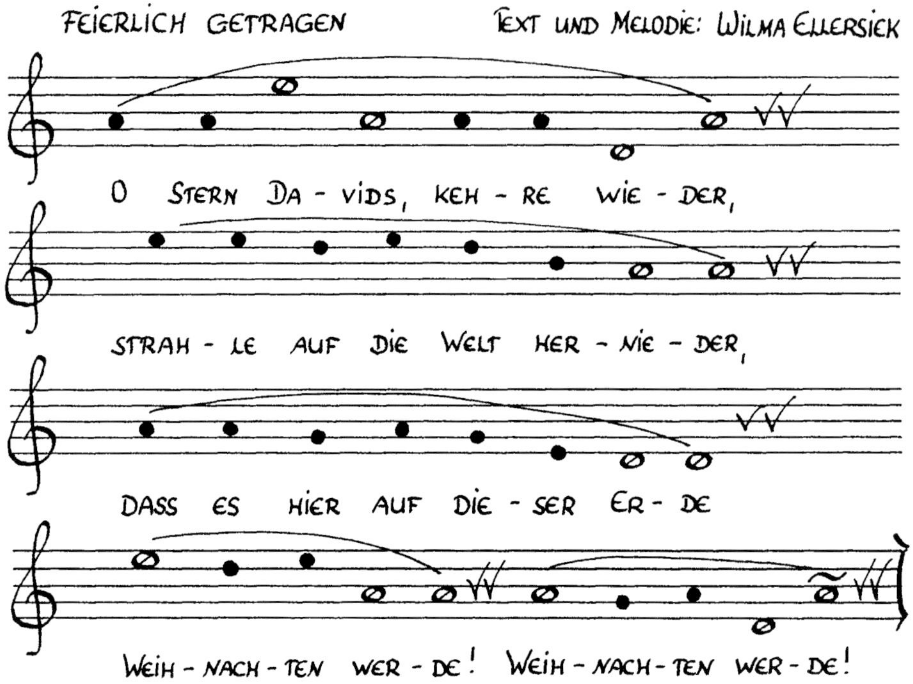

Text

1 O Stern Davids,

Bewegungen

1 Etwa in Stirnhöhe die Hände mit gespreizten Fingern und den Innenflächen nach vorn voreinanderschieben, bis sie sich decken; dann die gespreizten Finger der linken Hand in die Lücken der gespreizten Finger der rechten Hand schieben; die beiden Daumen stehen seitlich ab.

2 kehre wieder,

2 Die Sterngeste senkrecht nach oben führen.

3 strahle auf die Welt hernieder,

3 Die Sterngeste langsam schräg nach vorn abwärts führen, bis etwa auf Halshöhe.

4 dass es hier auf dieser Erde

4 Den Stern auflösen, die Hände herunternehmen und mit nach unten gewendeten Handinnenflächen in einem ruhig geführten Bogen nach vorn über außen auf die Erde deuten.

5 Weihnachten werde!

5 Die Hände und die Unterarme nach oben führen, die Innenflächen zeigen nach vorn, etwa in Kopfhöhe. Die Arme sind die «Flügel» des Engels, der die Botschaft bringt. Bei «werde» machen die «Flügel» eine leichte Bewegung vor und zurück. Es deutet einen kleinen Flügelschlag an.

6 Weihnachten werde!

6 Hände und Arme nach vorn herunterführen, die Innenflächen zeigen nach unten. Es wird eine Segensgeste ausgeführt. Auf die letzte Silbe werden die Hände wieder leicht erhoben; siehe obere Handstellung im Bild. Eine Weile so halten.

Der Frost hat festes Eis gemacht!

Rhythmisch-musikalisches Erzählchen mit Handgesten

Gefroren hat's die ganze Nacht.
Der Frost hat festes Eis gemacht
auf dem Schlittschuhteich.
Die Kinder ziehen gleich
ihre Schlittschuh an:

Gleiten damit leicht und leise,
leicht und leise auf dem Eise,
kommen schnell voran. –
Leicht und leise, leicht und leise,
kommen schnell voran. –
Halten an!

Machen eine kleine nette
Pirouette – Pirouette,
Pirou – Pirou – Pirouette.
Wops! Sie sitzen auf dem Pops!
Das ist nicht schlimm.

Die Kinder stehen wieder auf:
Gleiten weiter leicht und leise,
leicht und leise auf dem Eise,
kommen schnell voran. –
Leicht und leise, leicht und leise,
kommen schnell voran. –
Halten an!

Für heute ist's genug.
Sie ziehen ihre Schlittschuh aus
und laufen, laufen schnell nach Haus,
laufen, laufen schnell nach Haus.

Text	Bewegungen
1 Gefroren hat's die ganze Nacht.	1 Es ist kalt, und man friert, das muss man der Erzieherin ansehen. Sie reibt sich zum Wärmen die Hände, und zwar bei «gefroren hat's», reibt die rechte Hand auf der Handoberfläche der linken hin und her, bei «die ganze Nacht» reibt die linke auf der rechten.
2 Der Frost hat festes Eis gemacht	2 Um zu prüfen, ob die Eisfläche auch wirklich trägt, drückt der Erzieher mit beiden Handflächen gleichzeitig auf die Oberschenkel, erst nahe beim Körper, dann in der Mitte und schließlich nahe bei den Knien. Jeweils bei den unterstrichenen Silben.

3 auf dem Schlittschuhteich.

3 Auf Höhe der Oberschenkel mit beiden Händen, Handinnenflächen nach unten, den vor einem liegenden Teich umrunden. Die Bewegung beginnt mit dicht nebeneinandergehaltenen Händen so weit wie möglich vor den Knien. Dann bewegen sich die Hände in Gegenrichtung seitlich auseinander und treffen sich wieder direkt am Körper auf den Oberschenkeln.

4 Die Kinder ziehen gleich

4 Die rechte Hand auf Bauchhöhe vor sich halten. Die Hand und die Finger sind gestreckt, und die Fingerspitzen zeigen nach vorn zum Zuschauer. Der Kleinfingerrand ist nach unten gerichtet. Die linke Hand umfasst nun die Kleinfingerseite der rechten Hand und streift bei «ziehen gleich» von der Spitze des kleinen Fingers bis zum Handgelenk daran entlang.

5 ihre Schlittschuh an:

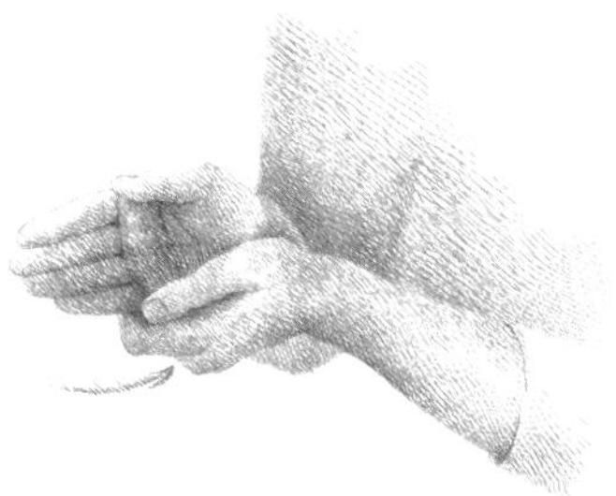

5 Die gleiche Geste wie bei 4 beschrieben, nur mit getauschten Händen.

6 Gleiten damit leicht und leise,
r l r l
leicht und leise auf dem Eise,
r l r l
kommen schnell voran. –
r l r l

6 Die senkrecht gehaltenen Hände sind nun die «Schlittschuhe» und gleiten mit dem Kleinfingerrand nach unten abwechselnd rechts und links auf den Oberschenkeln, dem «Eis», exakt im Sprachrhythmus. Das Sprach- und Bewegungstempo wird zunehmend schneller.

Leicht und leise, leicht und leise,
r l r l
kommen schnell voran. –
r l r l

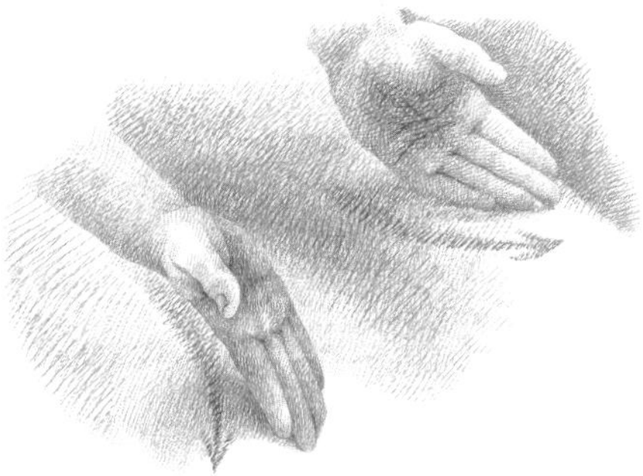

7 Halten an!

7 Bei «halten» werden beide Hände parallel schräg nach links vorn bewegt und kommen, indem sie einen Haken schräg nach rechts vorn «fahren», bei «an» zum Stehen.

8

Machen eine kleine nette Pirouette –

Pirouette, Pirou – Pirou – Pirouette.

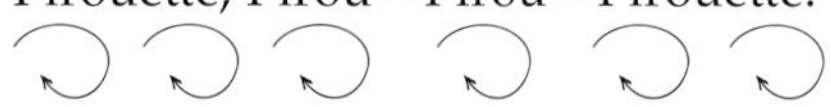

8 Die linke Hand hängt seitlich locker herab, sie hat bei der Pirouette keine Funktion. Der rechte Oberarm wird so weit hochgenommen, bis die rechte Hand mit abwärts gerichteten Fingern frei über dem rechten Oberschenkel hängen kann. In dieser Haltung kreist nun die rechte Hand aus dem Handgelenk im Sprachrhythmus, langsam beginnend und immer schneller werdend. Vorbereitend für die nächste Bewegung wird nach der letzten Pirouettendrehung die rechte Hand bis auf Kopfhöhe heraufgenommen und zur Faust gemacht …

9 Wops! Sie sitzen auf dem Pops!

9 … und jetzt die rechte Faust mit einer Betonung bei «Wops!» auf den rechten Oberschenkel fallen lassen (die eingerollten Finger liegen auf). Die Faust bleibt liegen, und die Erzieherin nickt bei «sitzen» einmal mit dem Kopf, und bei «Pops» nickt sie noch einmal und legt mit leichtem Nachdruck die Faust nochmals auf dem Schenkel ab.

10 Das ist nicht schlimm.	10 Die Erzieherin schüttelt verneinend den Kopf.
11 Die Kinder stehen wieder auf:	11 Nun wird auch die linke Hand wieder aktiv, denn die Erzieherin bringt beide Hände wieder langsam auf den Kleinfingerrand in die «Schlittschuhstellung» auf die Oberschenkel.
12 Gleiten weiter leicht und leise, leicht und leise auf dem Eise, kommen schnell voran. – Leicht und leise, leicht und leise, kommen schnell voran. –	12 Den Ablauf des Gleitens auf dem Eis exakt so durchführen wie oben bei 6 beschrieben.
13 Halten an!	13 Ausführung wie oben bei 7.
14 Für heute ist's genug.	14 Bei «heute» einmal mit dem Kopf nicken.
15 Sie ziehen ihre Schlittschuh aus	15 Mit der linken Hand vom Handgelenk zum kleinen Finger der rechten Hand (am unteren Rand) entlangstreifen, dann das Gleiche mit der rechten an der linken Hand. Siehe auch Bewegungsbeschreibung bei 4 (dort wird das Anziehen der Schlittschuhe erklärt), hier, bei 15, findet die rückläufige Bewegung statt.
16 und laufen, laufen schnell nach Haus, r l r l r l r l laufen, laufen schnell nach Haus r l r l r l r l	16 Mit den flachen Händen abwechselnd auf den Oberschenkeln «gehen». Man beginnt nahe beim Körper und läuft nach vorn zu den Knien. Das Sprach- und das Bewegungstempo steigern sich kontinuierlich.

Schneeflocken-Lied

(gekürzt)

LEICHT GETRAGEN

TEXT UND MELODIE: WILMA ELLERSIEK

Text	Bewegungen
1 Bin ein kleines Schneeflöckchen. Hab’ ein weißes Eisröckchen. Schwebe ja so leicht und fein, werd bald auf der Erde sein. 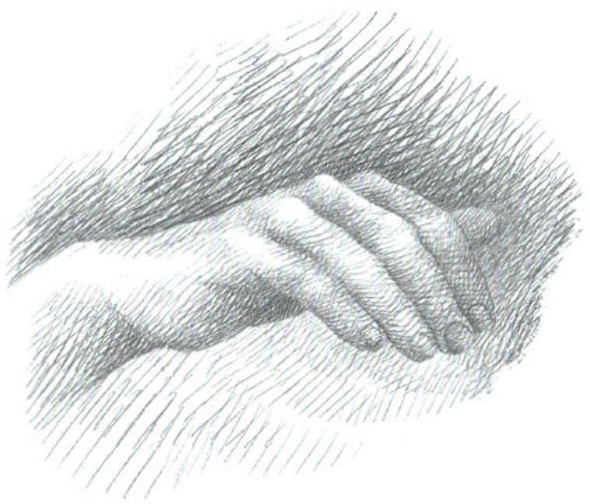	1 Die rechte Hand ist das Schneeflöckchen. Die Hand dazu mit der Handinnenfläche nach unten, locker, wie ein Fallschirmchen etwa auf Höhe des Brustbeins, halten. Von dort wird das «Schneeflöckchen» sanft und weich dem Melodieverlauf entsprechend auf- und abbewegt. Nur bei dem Wort «Eisröckchen» entfällt die Auf-ab-Bewegung, dafür wird die rechte Hand aus dem Handgelenk nach links und rechts gedreht. Danach wieder dem Melodieverlauf folgen und bei dem Wort «Erde» bis fast auf die Oberschenkel oder eine sonstige Unterlage herunterführen.
2 Schnei’ vom hohen Himmelszelt sanft hernieder auf die Welt. Schwebe, schwebe auf und ab, auf und ab. Sinke, sinke tief herab.	2 Die rechte Hand ist immer noch das Schneeflöckchen, das dem Melodieverlauf folgend auf- und abschwebt. Bei «herab» sinkt das Schneeflöckchen auf den Oberschenkel oder Boden herunter. Die Hand wird jetzt auf den Handrücken gedreht und bleibt ganz ruhig liegen.
3 Leise bin ich angekommen. Leise, leise, leise!	3 Bei «Leise bin ich …» wird die linke Hand ans linke Ohr geführt und in Richtung des liegenden Schneeflöckchens gelauscht! Während «Leise, leise» wird die Lauschgeste ganz langsam aufgelöst, und beim letzten «leise» wird einmal schwach genickt.

(Für die Kürzung verantwortlich Ingrid Weidenfeld)

Quellenverzeichnis

Die hier zusammengestellten Handgestenspiele von Wilma Ellersiek sind folgenden Büchern entnommen:

Wilma Ellersiek, *Die tanzende, spielende Hand. Rhythmisch-musikalische Hand- und Klangsilbenspiele für Fäuste, Finger und Hände*, hrsg. von Jacqueline Walter und Ingrid Weidenfeld, Stuttgart, Verlag Freies Geistesleben [2]2014: Molle – Mulle (S. 16ff.), Watsche – watsch! (S. 56ff.), Widel – wudel (S. 59ff.), Das Tampe-tempe (S. 76ff.), Pöm und Pam (S. 24ff.), Pitz und Potz (S. 39ff.), Die Hände machen (S. 53ff.).

Wilma Ellersiek, *Wer schleicht heran mit leiser Tatz? Handgesten- und Bewegungsspiele mit Tiermotiven*, hrsg. von Ingrid Weidenfeld, Stuttgart, Verlag Freies Geistesleben 2005: Krabbe-krabbe (S. 20f.), Der Regenwurm (S. 22ff.), Die Schnecke (S. 25f.), Die Katz (S. 36ff.), Flatter – Flatter (S. 39ff.), Das Vögelein (S. 44), Hoppel-hopp (S. 53ff.), Das Fischlein (S. 68ff.), Das Igelspiel (S. 71ff.), Tappel-tappel – wau-wau-wau (S. 75ff.), Das Bienchen (S. 83ff.), In der Früh – Aufwachen (S. 110ff.).

Wilma Ellersiek, *Handgestenspiele, Reigen und Lieder für Kindergarten- und erstes Schulalter. Frühjahr/Sommer*, hrsg. von Ingrid Weidenfeld, Stuttgart, Verlag Freies Geistesleben [2]2015: Die Sonne steigt (S. 24f.), Sonnenlied (S. 26), Wächst das Blümelein (S. 27ff.), Schneeglöckchen (S. 35ff.), Schneeglöckchen läutet den Frühling ein (S. 38f.), Geburtstagslied (S. 43), Im Sonnenschein (S. 44ff.), Osterfreude (S. 63ff.), Hoppsa-Husch-Lied (S. 67ff.), Das Bächlein (S. 92ff.), Das Schifflein (S. 96ff.), Babusche – bajuuu (S. 145ff.)

Wilma Ellersiek, *Handgestenspiele, Reigen und Lieder für Kindergarten- und erstes Schulalter. Herbst/Winter*, hrsg. von Ingrid Weidenfeld, Stuttgart, Verlag Freies Geistesleben [3]2016: Was der Herbst alles kann (S. 21ff.), Der Wind (S. 27f.), Hängt ein Apfel dran (S. 29f.), Ernte-Dank (S. 31f.), Das Blatt (S. 33ff.), Meine helle Laterne (S. 85), Es schneit! (S. 105f.), Glitzt – glitzt und taut (S. 107f.), Wie die Schneeflöckchen die Erde schmückten (S. 114ff.), Das Schnee-Juchhe (S. 119ff.), O Stern Davids (S. 132ff.), Der Frost hat festes Eis gemacht (S. 136ff.), Schneeflocken-Lied (S. 163ff.)

Die Spiele wurden im vorliegenden Buch für Kinder im Krippenalter zum Teil gekürzt und bearbeitet; die oben angegebenen Quellen enthalten jeweils die Originalversion.

Weiterführende Adressen

insel, Institut für die Spiele von Wilma Ellersiek e.V.
Postfach 700338, 70573 Stuttgart
www.handgestenspiele.de
info@handgestenspiele.de

Vereinigung der Waldorfkindergärten e.V.
Landauer Straße 66
67434 Neustadt/Weinstraße
www.waldorfkindergarten.de
info@waldorfkindergarten.de